「対話」がはじまるとき

互いの信頼を生み出す 12の問いかけ

Turning to One Another
Simple Conversations to Restore Hope to the Future

マーガレット・J・ウィートリー
Margaret J. Wheatley

浦谷計子訳

英治出版

どうか
私たちみんなが
ばらばらに　なりませんように

Turning to One Another:
Simple Conversations to Restore Hope to the Future
by
Margaret J. Wheatley

『Turning to one another』第1版は『もしも、あなたの言葉が世界を動かすとしたら』（PHP研究所、2003年）として刊行されており、本書は第2版の翻訳となる。

「対話」がはじまるとき

You must give birth to your images.
They are the future waiting to be born.
Fear not the strangeness you feel.
The future must enter you long before it happens.
Just wait for the birth,
for the hour of the new clarity.

Rainer Maria Rilke

Letters to a Young Poet
(Rainer Maria Rilke)
Stephen Mitchell 訳からの重訳

きみが思い描くものに　命を与えてごらん
未来は誕生を　待ちわびている
胸のざわめきを　恐れてはいけない
未来は　ずっとまえから
きみのなかで　芽生えていたのだ
ほら　生まれようとしている
澄みわたる　新たな時代が

——ライナー・マリア・リルケ

「対話」がはじまるとき——目次

第1部

みんなで向かいあって

turning to one another

第2部

一息ついて振り返ってみましょう

a place to pause and reflect

第3部

対話のきっかけ

conversation starters

第1部

みんなで向かいあって

turning to one another

さあ、時間になりました。

みんな　なかよくすればいいのに
ケンカをやめて　静かにお祈りしようよ
ドラッグはもうたくさん　キスとハグがほしいよ
友だちをもっとつくらなきゃ　世界が終わらないように
愛してるよって　もっともっと言おう　ハトのまねをして
そうすれば　世界はきっと平和になるよね

――ベータ・レイ・ソリアーノ（一〇歳）

二〇〇二年に初めてこの本を出版したときに、無鉄砲にも私はこう言いました。

「私たちがお互いの言葉に耳を傾ければ、世界は変えられるはずだ」と。

その確信にいまも変わりはありません。私たち――特に、よそ者とか敵と呼び合う人間同士――が、互いに向き合って話をはじめれば、暗くなる一方のこの世界も必ず明るいほうへと向かう、そう私は信じています。そしてこの世界を変えられるのは、もっと多くの人たちが決めつけをやめて歩み寄り、相手に興味をもち、思い切って言葉を交わしはじめたときだけだと思うのです。

二十一世紀、この世界は、ますます暴力、恐怖、断絶へと向かっています。平和に共存したいという大半の人たちの願いもむなしく、戦争、大量虐殺、搾取、疫病、貧困、自然災害といった不幸が日常茶飯事になってしまいました。

いったい、どうすればいいのでしょう？

私たちがするべきは、ただ膝をかかえて「自分だけは安泰でいられるように」と願うことでしょうか？　それとも、互いに歩み寄り、健全な未来を生み出せるよう手を尽くすことでしょうか？　ここまで読んだのであれば、あなたはこの問題にかかわる道を選び、未来に希望を取り戻すために力を合わせようとしているはずです。

世界には何百万人という仲間がいます。私たちはあなたの参加を心から歓迎します。

未来に希望を取り戻そうと願うあなたのために、この本には新たに二つの話題が加えられました。

一つめの「変化を生み出すために何ができますか？」（二〇五ページ）では、ほんの一握りの人びとが一歩踏み出したときにしか世界は変わらない、ということが語られています。変化をもたらすのは、指導者やどこか最上層部の人びとが考え出したプログラムや壮大な計画ではありません。私たちのような少数のふつうの人びとが、問題に注目し、状況を変えようと最初の一歩を踏み出したときにこそ、変化は起きるのです。

そしてもう一つ、「恐れを乗り越えられますか?」(二一七ページ)という問いかけも加えました。

今日、恐れは至るところに存在し、しかも増えていく一方です。恐れは人間から可能性を奪います。だからこそ、それを克服できるかどうかが問われているのです。「恐れを克服する(fearless)」とは、恐れから自由になることではありません。それは、自分の恐れと向き合い、恐れに振り回されないようになることなのです。この問いかけは本の最後にありますが、これはもしかしたら最初に取り組むべき課題かもしれません。恐れをやり過ごせるようにならなければ、対話をはじめることはできません。対話をはじめられなければ、問題を抱えつつもいまだ美しさを失っていないこの世界のために、行動を起こすこともできないでしょう。

歌手のハリー・ベラフォンテは「真実と希望の最後の源泉、それは人間そのものだ」と言いました。まさしくそのとおりだと思うならば、どうかあなたもだれかと語り合いをはじめてみてください。ほかの人たちもあなた同様に、現状を何とかしたい、変化を起こしたいという気持ちでいることが、きっとわかると思います。

もう一度、お互いの言葉に耳を傾ける。
ただそれだけで、私たちは世界を変えることができるのです。

ようこそ

人間が再び耳を傾け合うようになれば世界は変わる、私はそう信じています。いま必要なのは、シンプルで飾らない、人間らしい対話です。調停でも交渉でもなく、問題解決の会議でもディベートでも、公開討論でもありません。だれもが発言でき、互いに話を聞いてもらえると感じられ、それぞれが熱心に耳を傾ける、そんなありのままの対話でいいのです。

語り合い、耳を傾け合うと、どんな感じがするでしょうか？　自分は何を不安に思い、何に困っているか、どんなことにわくわくして希望を感じるか、何に憧れ、何を恐れ、何を祈り、子どもたちにどうあってほしいのか、それをお互いに語り合うとき、何が起きるでしょう？

あなたも私のように、この世界は変わる必要があると思っているのではありませんか？　この本をきっかけに、いま、世界で起きていることに目を向け、自分の考えや経験を整理して、周りにいる人たちと対話をはじめてみてはどうでしょうか。いま、あなたにはどんな世界が見えていますか？　自分自身や大切な人びとの身に、どんなことが降りかかっていますか？　そして、こうだったらいいのに、と思うことはありませんか？

対話というのは、変化を生むための土壌づくりとして実践されてきた、もっとも古くてもっとも簡単な方法です。個人のレベルで変化を起こそうというとき、あるいはコミュニティや組織の内部で、または地球規模で変化を起こそうというとき、私たちは語り合ってきたのです。ともに腰を下ろし、自分たちにとって重要な事柄について語り合うことができれば、私たちは息を吹き返すでしょう。私たちが何を見、何を感じているかを伝え、相手が何を見て、何を感じているかに耳を傾けるのです。

大昔、私たちが遊牧民として大地を放浪していた時代、あるいは洞窟で寝起きしていたころから、人間は、集っては互いの経験を分かち合ってきました。ほら穴の岩壁に絵を描き、夢や想像の世界を語り合い、その日の出来事を報告する。そうやって、ともにこの世界に存在することを喜び合ってきたのです。世界が恐怖で満たされるたび、人びとは寄り添いました。「この世の果て」を探らなければならないときには、ともに海を渡りました。そうやって何ごとも一緒に乗り越えてきたのです。

これまで、私たちが孤独を求めたことはありませんでした。ところがいま、私たちは孤独です。だれもがかつてないほどバラバラになり、孤立しています。

南アフリカのデズモンド・ツツ元大主教は、このことを「すべての存在が壊滅状態にある」と表現しました。私たちはものすごい速さで互いの距離を広げ、ますます孤立しています。モノに慰めを求めることはあっても、互いの存在に救いを求めることをしません。世界全体が間違った方向に進んでいることに麻痺しているようです。人よりもモノを愛することがよしとされ、新しいものが現れれば見境いなく飛びつく。まるで心の平安よりも恐れを選ぶことが奨励されているかのようです。何かを心待ちにしながら、互いの存在を頼りにすることをしない――私たちは、真の満足や幸福の源泉のありかを忘れてしまったのでしょうか？

いいえ、本当は忘れてなどいません。世界がより複雑になり、不安が増していくいま、互いの存在なくしてはこの暗闇を抜け出す道を見つけることなどできない、私たちはそれを知っているのです。「コミュニティ」を求める強い気持ちが、世界中にあふれているではありませんか。では、どうすれば私たちは、お互いに向き合うことができるのでしょうか？

互いの存在をもう一度認め合うための、もっともシンプルな方法は、自分にとって気がかりな問題を話しはじめることです。互いに相手を無視するのをやめ、恐れに駆られた噂話を終わらせることができれば、新たな発見があるのではないでしょうか？

ただし、語り合いには時間がかかります。膝を突き合わせて座り、耳を傾け、ともに悩み、ともに夢を描く――、そのためには時間が必要です。混迷の時代にますます引き裂かれていく私たちは、再び集うための時間を努力してつくり出さねばなりません。さもなければ、この分裂状態を止めることはできないでしょう。

さらには、「敵」と呼び合う者同士も話し合うようになる必要があります。相手を恐れる気持ちは互いを引き裂くだけです。だれもが自分の恐怖の対象を数え上げたら、きりがないでしょう。そのような相手とは話し合うことなど想像できないし、話し合ったところで怒りが大きくなるだけだ、とも思っています。一番恐れている相手から何かを学んだり、何かが可能になったりする、などとは考えつかないのです。

けれども、私は信じています。私たちは、また対話をはじめることによって、互いをつないでいるはずの道をもう一度たどり直し、希望に満ちた未来へ歩みを進められるのだ、と。そこに必要なのは「想像力」と「勇気」と「信念」だけです。しかも、その力はだれにでも備わっているものなのです。

さあ、いまこそ、もてる力を存分に発揮するときです。

マーガレット・ウィートリー

この本を書いたわけ

私はいろいろな文章を書きますが、この本は、ここ数年で手がけたどの本ともかなり異なっています。では、なぜいまこの本を書かずにいられなかったのか、そのわけを自分自身の経験を交えてお話ししようと思います。

私は長年にわたって、多種多様なコミュニティ、組織、国家のさまざまな人びとと出会い、仕事をする機会に恵まれてきました。あちこちにお招き頂けたのは、組織におけるリーダーシップと生命をテーマに仕事をしてきたおかげです。これまでに私は、生命がどのように自らを組織化するかを理解しようと努め、そして、学んだことを人的組織の構築や設計にいかそうとしてきました。自然の組織は人間のそれよりもはるかに効率的で、そのしくみはかなり異なっています。たとえば、生命は相互依存関係にあるネットワークのなかで、競合するのではなく、協調しながら存在しています(詳細は私のほかの著作をご覧ください）。

やがて、私は気づきました。自然は、さまざまなジレンマを抱える現代の私たちにとって最良のお手本を示してくれているのだと。ますます混迷を深めていく世界で、私たちはどのように暮らし、働けばいいのか。運命共同体であるこの星で、どのように生活し、働いていくべきなのか。人に本来備わっているはずの創造性や関わり合いを、どうやって呼び起こせばいいのか。あらゆるものが変化していくなかで、私たちが守るべき価値とは何か。命を破壊するのではなく維持するために、どう力を合わせていくべきなのか。

私が出会うのは、その多くが思いやりにあふれ、知的で、善意に満ちた人びとです。他人のためになりたい、ささやかでも世のなかの役に立ちたいと願っている人ばかりです。一一歳のガールスカウト隊員、米国陸軍の司令官、さまざまな部族民、ビジネスパーソン、宗教指導者から政府要人まで――彼ら彼女らと私は膝を突き合わせて、生命を維持するためのリーダーシップとは何かを考えてきました。

ですが、こうして世界のあちこちで仕事をしていると、日に日に悲しみは増すばかりです。特にここ数年、事態は明らかによくない方向へ向かっています。善良な人びとが最善だとわかっていることを実践できない、そんな状況が多くなっているのです。名もなき小さな村でも、巨大な国際企業でも、国や分野に関係なく、私たちに求められているのは、「より素早く、より多くを蹴落とし、より自分本位に働くこと。そして、目先のことだけを考えること」です。

そうした価値観は健全で持続可能なものを何一つ生み出しません。しかも、驚くほど有害です。たとえ自然が最良のお手本であっても、結局、私たちはそこから何も学んでいません。だからこそ、私は一刻も早く、だれもがともに息を吹き返せるような働きかた、生きかたを学びとらなければならない、と強く思うのです。

心を痛めるこうした状況について、これまでに何万もの人びとと一緒に考えてきましたが、そのなかで私は明るい希望の光にも気づきました。私たちはみんな同じ人類です。文化や伝統など、表面的には興味深いほどの差異をもつ私たちも、もとをたどれば、学ぶこと、自由、生きがい、愛といった同じ人間的な欲求に動かされている同じ人類なのです。つまり、あなたも私も求めているものは同じなのです――どこにいて、どんな方法を用いようとも。

いま、時代は暗さを増していく一方です。息の長い正しい仕事をすることは困難であり、健全な変化を起こすことなど、一見不可能にさえ思えます。しかし、人間は基本的には善良で優しい存在です。心を痛め、打ちのめされ、呆然とし、不安に苛まれながら、それでも心の底では、学びたい、自由になりたい、人生の目的を知りたい、愛し愛されたいと渇望しているのです。

とかく人間の邪悪な面ばかりがクローズアップされている時代だからこそ、私は努めて人間の善良な面を探すようにしています。ブラジルの貧しい人々とかかわった教育学者パウロ・フレイレの活動からは、実に多くのことを学びました。その一部はこの本でも紹介していきたいと思います。

また、ここには、ほかにもさまざまなことを教えてくれた人びと――詩人、精神的指導者《スピリチュアル・ティーチャー》、私とはまったく異なる生きかたをしているふつうの人びと――の経験談も登場します。その人たちから学んだのは、いかなる逆境――貧困、圧政、惨事――にあっても、人間の精神は破壊することはできない、ということです。学び、ものごとを改善し、互いを思いやる気持ちは、何があっても失われることがありません。

特に希望を感じるのは、私たちがお互いの善良な部分をもっと引き出す手段を既にもっている、という事実です。だれかが自らの体験を語りはじめ、だれかがじっと耳を傾けるとき、そこに大きなパワーが生まれ、癒しがもたらされます。私はその様を目の当たりにしてきました。

はじめてそんな体験をしたのは、アパルトヘイト後の南アフリカでした。この本ではそのことにまつわるストーリーもいくつか取り上げています。また、まったく別の逆境を生きてきた人びとのストーリーもあります。

もしかすると、私たちは、耳を傾けるすべや、自らの体験を語るすべを忘れているのかもしれません。しかし、それこそが私たち自身を救うために取り戻すべきスキルなのです。

私は、互いに耳を傾け、自分にとって大切なことを語りはじめるとき、世界は変わるということも学びました。

長年の親友で同僚のアニータ・ブラウンは、コミュニティづくりや企業戦略における経験を分かち合い、だれもが世のなかを変える方法を考え出せる、という信念を語ってくれました。どんなに大きくて力強い変化も、まず数人の人間が互いに気になることを語りはじめるところから出発する、とアニータは言います。キッチンのテーブルで交わされるシンプルな会話、地面に腰を下ろし、あるいはドアに寄りかかって交わされる何気ない言葉……、それが世界に影響を及ぼし、変化を起こす力になるのです。

一九九八年以来の友人で同僚のクリスティーナ・ボールドウィンが教えてくれたのは、いつの時代も人間はサークルや評議会といった集まりのなかから最善の考えを編み出し、強力な信頼関係を築いてきた、ということです。私もこれまでにさまざまな環境で数多くの集まりに参加してきました。あるときは友人たちと、あるときは見知らぬ人たちと集い、ときにはどこかの企業の窓のない会議室で、ときにはアフリカで森の丸太に腰を下ろし、私は学びました。ごくシンプルな語り合いのなかから、人は心の深いところでつながり合えることを。そして、話のペースを落として思考を促すことで、私たちがこの世界で賢く勇敢に行動する主体になれることを知ったのです。

こうして学び観察してきたことの一つひとつが、この本に結びついています。この本に対する気持ちを表現するには、パウロ・フレイレの言葉を借りるのが一番でしょう。フレイレ自身が自らの処女作で綴った言葉です。

この本を読んだ読者の心に、少なくともこのことだけは消えずに残ってほしいと思う。
私は人間を信頼している。男たち、女たちを信じている。そして、いまよりもっと簡単に、人と人とが愛し合える世界が生まれることを信じている。

この本の使いかた

この本は、あなたやあなたの身近な人びとが、お互いに気がかりな問題を取り上げ、語り合いをはじめられるように、そして、その対話の支えとなるように書かれたものです。それ以外の目的はありません。全体は三つの部分に分かれています。

第一部は私のエッセイで構成されています。いかに対話に人と人との心をつなげる力があるか、そして、私たちにこの世界を変えようという希望と行動力とを取り戻させてくれるか、それを伝えたくて書きました。また、どのようなときに理想的な語り合いが可能になるか。つまり、シンプルで勇気に満ち、互いに耳を傾ける姿勢が見られ、多様な意見が許される対話の条件を挙げています。これらのエッセイを読んだあなたが、自ら語り合いの場を設けようという気持ちになって頂けたら幸いです。どうかこの本を支えとして一歩踏み出してください。友人なり同僚なりを数人集めて、一番気がかりなことを話し合って頂きたいのです。

第二部には短い言葉とイラストをいくつか収めました。ここでは一息ついて、それまで読んできたことを振り返ってください。そして次の段階へ移るため、つまり対話をはじめるために準備を整えて頂きたいのです。短い言葉があなたにひらめきと活力を与えますように。そこから先、実際に行動を起こすのはあなた自身なのですから。

第三部は一二項目の「対話のきっかけ」からなります。これらの短いエッセイは、あなたの対話の核となるものです(もちろん、ご自分にとって一番気がかりな問題や、一番大きな夢を話題にして頂いてもかまいません)。ここに示した対話のきっかけは、どれも一つの問いかけからはじまっています。そして一つか二つのエピソード、実話や引用、私自身のコメントや解釈が盛り込まれています。ところどころに詩もちりばめました。

こうした素材のどれを役立てるか、という判断はあなたにお任せします。問いかけや引用だけを利用してもかまいません。エッセイは短めにしてありますから、必要に応じてグループ内で朗読してもいいでしょう。私の一番の願いは、主宰者であるあなたがこうしたきっかけからヒントを得て、参加者とともに自分たちにもっとも適した方法を見極めていくことです。

では、なぜ私はこの一二項目の問いかけやトピックを選んだのでしょうか？　もちろん、話し合いを必要としている問題はこれらに限りません。あなたのコミュニティや組織には、ほかにもっと重要な話題もあるでしょう。しかし、私は経験に基づいて、これら一二項目を取り上げることにしました。こうした問いかけやトピックは、参加者の心の一番奥深くにある信念、恐怖、希望について話し合うきっかけになるからです。また、お互いの経験をより深く理解する助けにもなります。一人ひとりの経験やものの見方を引き出し、人間の根っこにある善なる部分を明らかにしてくれるでしょう。ありのままの自分を持ち寄って話をすれば、互いの距離が縮まり、固い絆が育つのです。この本に示した数々の問いかけを、ぜひ試してみてください。いま挙げたような変化は、あなたと友だちや仲間のあいだにも起きるはずです。

こうした問いかけのうち一つを取り上げるだけでも、そこからは多くの意義深く重要な話題が生まれます。話がどんな方向へ進もうとも、耳を傾け合い語り合えば、必ず相手との溝は埋まり、一人ひとりが勇気を取り戻せるでしょう。そうやって私たちは互いを再発見し、人間がいかに大きな可能性を秘めた存在であるかを見出すのです。力を合わせれば、だれもが人間らしく幸せに生きられる未来をつくり出すことができるはずです。

もう一度、お互いの言葉に耳を傾ければ、世界は変えられます。

さあ、あなたもはじめましょう。

子どもたちへ

ゲーリー・スナイダー（アメリカの詩人）

そそり立つ　山また山
ぼくらの前につづく
統計という名の　上り斜面
何もかもが　上へ上へと
目指す　けれども
ぼくらは　沈んでいくばかりだ

百年もすれば
いや　そのまた百年後には
谷間や　草原があって
ぼくらは安心して　落ち合えるらしいよ
仮に　たどり着ければの話だけれど

険しい山を登ろうという　いま
この言葉を贈ろう
きみと　きみと　きみの子どもたちへ

　寄り添い
　花々を手本に
　かろやかに　進め

未来に希望を取り戻せますか？

最近は楽観的な人にあまり出会わなくなりました。場所や状況に関係なく、どの国のどんな組織でだれと話していてもそうです。ほとんどの人がほんの数年前よりも大きなストレスと疎外感を覚え、人生の意味を見失いかけています。その理由は、何かが変わったとか、変わりつつあるというだけではありません。いま、起きている変化が、心穏やかではいられない性質のものだからなのです。たとえば、

——小さな政治的事件が引き金となって、果てしない暴力の連鎖が起こる。
——コンピュータのちょっとした不具合から、何日も何週間も社会が麻痺してしまう。
——ある国の経済問題が原因で、多くの国が苦境に立たされる。
——個人や集団のなかでひそかに増幅されていた怒りが、ある日突然、自分

や愛する人たちの命を脅かす。
――一つの地域で発生した病気が、山火事のように世界中に広がる。
――だれもがなくなってほしいと願ってきた災厄――貧困、飢餓、無知、暴力、疾病――がむしろ増加している。

こうした危機は、ある日突然、人生やコミュニティに降りかかってくるようです。私たちは、コントロール不能の理不尽な出来事に不意打ちを食らわされる、という思いをぬぐいきれません。理屈の通らない危険な場所になってしまったこの世界を、社会学者のジョン・バージャーはこう表現しています。

行動と行動とのあいだに連続性がない。小休止もなければ、道筋もパターンも見えない。過去も未来もない。ただ、バラバラになった現在が怒号をあげるのみだ。どこを向いても驚愕と興奮に満ちているが、そのくせ何の結果も生み出せない。何一つ完結することがなく、すべてがとぎれとぎれなのだ。

さまざまな国のさまざまな人の話を聞いていると、みんな似たような問題に不安を覚えていることを実感します。これまでに私は多くの人の話に耳を傾けてきましたが、その一部はこの本でも紹介しているとおりです。どの国のどの人の言葉からも、いまという時代に翻弄され未来を憂えている様子が浮かび上がってくるのです。たとえば、私はこんな言葉や心情を耳にしました。

――問題は大きくなるばかりで決してなくなることがない。一つが解決すると、また別の問題が生まれる。

――なぜこんなことが起きるのかまったくわからない。たぶんだれにもわからないだろう。陰謀か何かが働いていて、原因がわからないようにしているのではないか。

――暴力が拡大し、私の大切な人びとにまでその被害が及んでいる。

――だれを信じたらいいのか。いま、何が起きているのか、本当のことを教えてくれる人はどこにいるのだろう。

――何もかもがコントロールを失っている。ものごとは悪くなる一方だ。

――家族とゆっくり過ごすことができなくなった。こんな暮らしが嫌で仕方ない。
——我が子のことが心配だ。この子たちにはどんな未来が待っているのだろう？

これほど大きな不安と理不尽な現実に直面している社会が、どうすれば未来に希望を取り戻せるでしょうか？　不安は一人ひとりの人間をむしばみ、行動やものごとの感じかたまで変えてしまいました。私自身もほかの人びとも例外ではありません。だれもが前よりも皮肉な目をもち、いらだちと恐怖と怒りを募らせています。攻撃されはしないかと常に身構え、不安だらけで、愛する人をも傷つけるようになっています。

しかし、だれ一人としてこんなことは望んではいません。いったいどうすれば、私たちは尊敬に値する人間に、広い心をもち、愛と好奇心にあふれ、柔軟でエネルギッシュな人間になれるのでしょうか？　どうすれば、一生の終わりに、自分は意味のある仕事を成し遂げたのだ、と感じられるのでしょうか？　何かしらを後世に伝え、人を助け、健やかな人間を育てたのだと実感できるのでしょうか?

未来に希望を取り戻すために、いま、私たちに何ができるのでしょうか?

いま、何を信じていますか？

私は、「自分が思い込みや憶測をもっている」ということを常に意識しておかない限り、行動は変えられない、ということを知りました。思いは必ず態度に現れます。とかく人間に矛盾はつきもので、言動が一致しないことなどしょっちゅうです。自分は「こういう人間だ」と言ったそばから、正反対の行動を取ったりすることはないでしょうか。「偏見などもたない」と言いながら、人を外見だけで決めつけたり、仲間と呼んでいる人のことを陰で噂してみたり……。自分の態度を変えたいのなら、行動に目を向け、その行動の裏に何らかの思い込みが潜んでいないかを見極めなければなりません。なぜ自分はそんなふうに行動したのか、なぜ別の方法をとらなかったのか、それを明らかにするのです。

長年の活動のなかで気づいたことは、多くの人びとがお互いに対して否定的な思いを抱いている、ということです。あるいは、現状を変えることなどできない、と信じ込んでいたりもします。また、世のなかがあまりにもおかしくなりすぎたせいで、頼りにできるのは自分しかいない、とも思っています。こうした信念があるため、私たちは互いの存在に助けを求めようとしません。力を合わせて問題に取り組む、ということをしないのです。

私は、何年にもわたって、自分の信念を常に意識するよう心がけてきました。こうしてこの本で自分の信じていることを明らかにしているのには、理由があります。

第一に、自分の信じていることに責任をもちたいからです。自分の行動がどのような考えに裏打ちされているかを見えるようにしたいのです。第二に、信念を明らかにすれば、あなたに私という人間を少しわかってもらえるからでもあります。ここに述べているのはあくまでも私の考えであり、あなたの考えがまったく違うものであってもおかしくありません。

そして第三に、こうして私が信念を明かせば、あなたも自分自身の信念に目を向け、言葉にしてみようと思うのではないか、そういう期待も込められています。

では、最近の私はどんな信念のもとに動いているのかをお話ししましょう。

私たちが直面している問題を解決するカギは人間そのものにあります。テクノロジーが解決してくれるわけではありません。もちろん、技術は助けにはなるでしょう。けれども解決策は人間そのものなのです。ほかの人びとや生きとし生けるもののために、自らの創造力と思いやりの心を発揮したいと願う、寛大で率直な私たち人間が解決するのです。

頼りにできるのは、人と人とのつながりしかありません。宇宙の万物が成り立っていられるのは、ほかのあらゆるものと関係しているからです。この世に単独で存在しているものは一つとしてありません。私たちも、自分は一人で生きていられる、という思い込みを捨てるべきなのです。

人間は本来、寄り添いたいと願っています。孤立するのは他者に傷つけられるときだけであり、そうした状態は自然ではありません。つまり、寄り添うことよりも孤立することを選んでいるいまの私たちは、自然から離れた生きかたをしているのです。

ところが、だれかが真実を語りはじめると、人びとの心には希望の灯がともります。不思議ですが、私自身もそうした経験を重ねてきました。

心と心でつながることは喜びを与えてくれます。しかも、そうしたつながりは状況を選びません。未曾有の自然災害や最悪の危機のさなかでさえ、手を携えた経験は忘れがたい記憶として人びとの心に刻まれます。悲劇のただなかで喜びを感じるとは何とも驚きですが、これも紛れもない事実なのです。

私たちは歩むスピードを落とさなければなりません。じっくりと時間をかけて取り組まない限り、いつまでたってもよい変化は起きないからです。私たちには、考え、学び、互いの存在を知るための時間が必要です。何もかもが加速していく一方の現代社会では、そうした人間本来の可能性が失われていくばかりであり、私たちはそれによって死にかけています。

絶望に対する特効薬は希望ではありません。心を曇らせている問題に自分はいったいどんなふうに取り組みたいのか、それを見つけたときに絶望は癒されるのです。

シンプルなプロセス

複雑さの手前にあるシンプルさには目もくれない。だが、複雑さの向こう側にあるシンプルさには命を賭けてもいい。

オリバー・ウェンデル・ホームズ（アメリカの詩人・医師）

私たちの多くは生活をシンプルにしたいと願っています。それは自然全体の願いでもあります。ところが、単純な解決策やプロセスを受け入れ、その力を信じるのは何と難しいことでしょう。世のなかは、どこを向いても複雑になってしまいました。隣近所の人との何気ないおしゃべりのように単純だったことが、まるで異世代や異文化間の話し合いのように、一つのテクニックと化しています。

シンプルなプロセスがひとたびテクニックに変わると、あとは複雑さと難解さを増す一方で、よりシンプルになることはありません。一握りの専門家が扱う特殊な知識となり、それ以外の人びとは専門家を頼りはじめます。人と言葉を交わす、計画を立てる、ものを考えるといった単純なことですら、私たちはやり方を忘れてしまいました。いまでは難しい方法を言われるがままに覚え込もうと励んでいます。

本来シンプルであるはずのことに対して、こうもずらりとテクニックが揃っていると、簡単そうに見えるものに、つい疑いの目を向けたくなります。特に専門知識をもつ人間であれば、疑り深くなるのはなおさらでしょう。

私自身、シンプルな方法に手を伸ばしかけてためらった経験は一度や二度ではありません。専門家としての存在が危うくなるような気がしたからです。けれども、そういう瞬間こそ、ものごとを考え直すのには絶好のチャンスです。本当に大切なのは、私の専門家としての地位を守ることでしょうか？それとも、やるべき仕事をやり遂げることでしょうか？（私も常に立派な選択をしてきたとは言えませんが……）

だれもがシンプルな方法をためらうのには、また別の理由があるかもしれません。たとえば、こんなふうに考えるのではないでしょうか？　それほどシンプルなことなら、いままで考えつかなかったのはおかしくはないか？　膨大な時間とお金を費やして、複雑な方法を覚えようとしてきたのは何だったのか？　苦労したのは時間のムダだったとでもいうのか？

確かに、時間をムダにした、などとは簡単に認められるものではありません。習得するのに多くの時間がかかったからこそ、私たちは複雑な方法を手放せずにいるのです。

けれども、シンプルさには「常識」という強い味方がついています。自分の経験を振り返ってみてください。すぐれた解決法は常にシンプルだったと気づくでしょう。思っていたよりもずっと単純だった、そんな経験は何度もあるのではないでしょうか？

科学者はよりシンプルな解決策を選ぶように教え込まれます。二つの可能性があるなら必ずシンプルなほうを取りなさい、と。科学の世界ではシンプルな答えほど「エレガント」とされています。宇宙の美はシンプルなもののなかに現れるのです。

そういうわけで、私たちは巡り巡って単純で常識的な答えに気づいたとき、つい笑ってしまうのではないでしょうか。安心感とともに、やっぱりそうだったか、という気持ちからくる笑い。「ああ、そういえば、シンプルなものに驚かされた経験はいくらでもあったな」と思い出すわけです。とはいえ、難しいものと格闘してきたそれまでの自分を卑下する必要はありません。複雑さを乗り越え、向こう側にたどり着いたからこそ、単純さに気づけたことを笑えるのですから。

人間の対話のシンプルさ

――未来に希望を取り戻すために対話をはじめよう――

それが、私の達したもっともシンプルな結論です。ただし、シンプルとはいえ、私はこれほど強力な方法をほかに知りません。私は、対話が大きな変化を起こしていく様子をこれまでに幾度となく目にしてきました。運命を同じくする人びとが、お互いに一つの問題に気づいたとき、変化ははじまります。共通の問題意識をもつコミュニティほど、逞しいものはありません。

その例は身近なところに、近年の歴史のなかに簡単に見つけられるでしょう。たとえば、ポーランドで「連帯」が起きたのも対話からでした。きっかけは、グダンスクの造船所で十数人の労働者たちが、自分たちの実情を憂え、改革と解放の必要性を語り合ったことです。ひと月もしないうちに、その連帯の輪は九五〇万人の労働者へと広がりました。まだメールもない時代、何百万人もの同胞が同じ問題を共有していることを知り得たのは、それぞれが自分のニーズを語り合ったからです。その月の終わりには、九五〇万人が一体となって改革を叫び、やがてそれは国全体を揺るがすまでになりました。

新たな人道的支援活動の記事を読むたび――そのなかにはノーベル平和賞を受賞した活動もあります――また一つ、語り合いの威力を物語る実例を見つけた気持ちになります。活動の発端を伝える、こんな言葉があるからです。

「最初は数人の友だちで話していたことが、いつの間にか……」

いつだって本当の変化は「人と人が気がかりなことを話す」というシンプルな行為からはじまります。「子どもたちの通学路に危険な交差点がある」とか、「自分たちの町でガンの症例が増えている」とか、「地雷によって手足を失う子どもがあとを絶たない」とか、「飲酒運転による事故死が多い」とか。お互いが同じ一つの問題に心を痛めていることに気づくには、たった二人か三人の仲間が語り合えばいいのです。そこに世界を変える出発点があります。数人の仲間うちの対話は、やがて別の友だちへと広がっていくでしょう。友だちは互いに大切な存在だからこそ、相手の言葉に耳を傾け、今度は別の人に話し、どんどんその輪が大きくなるのです。

カナダの女性がこんな話をしてくれました。

ベトナムから養子を迎えた彼女は、同じ孤児院に二人目の養子を引き取りにいく準備をしていたそうです。その二年前に初めてベトナムを訪れたとき現地の実情を目にしていたので、今度は医薬品をもっていこうと心に決めていました。「痛み止めが必要なのよ。Tシャツや髪飾りではなくてね」ですが、彼女がそう友人に話したところ、その友人は、向こうで一番役に立つ医療品は「未熟児用の保育器」ではないか、と言ったのです。女性は驚いたものの（包帯や錠剤をもっていこうと考えていたので無理もありませんが）、さっそくあちこちに電話をかけて保育器を探しはじめました。そうやって何週間も方々に問い合わせを続けるうちに、なんと大型コンテナ四個分もの小児医療用品が集まったのです！　そして保育器は一二台も。
彼女と友人の何気ない話が、ついには大勢の仲間を巻き込んだ医療救援活動へと成長し、ベトナムの子どもたちの人生に大きな変化をもたらすまでになりました。まさしく「最初は数人の友だちで話していたことが、いつの間にか……」です。

同じような話は数え切れないほどあります。思いやりの心に深く根差したシンプルな対話が力強い行動を生み出し、その行動が多くの人生を変え、未来に希望を取り戻していく――、近頃これほど希望を与えてくれるものを、私はほかに思いつきません。

語り合うための勇気

互いに向かい合って語りはじめることは簡単ではありません。私たちが口をつぐみ、そっぽを向いているのにはいくつもの理由がありますなかには考えや意見を述べるチャンスを与えられずにきた人もいるでしょう。小学校のころから大人になったいままで、「何を考えるかは、ほかの人が教えてくれるから黙っていなさい」と言われてきた人たちです。

そうかと思えば、集まって意見を出し合うのを常としている人たちもいます。ところが、集まってはみたものの、ある人は怒鳴り、ある人は席を蹴って出ていき、ある人は話し合いを牛耳ろうとする、そんな場へと様変わりするのです。そういう経験が重なるうちに、だれもが語り合うのをためらい、互いを警戒するようになってしまいました。

しかし、優れた対話は、そうしたお粗末なミーティングとはまったく違って、知恵を募るために人間がはるか昔から実践してきた、より信頼できる方法なのです。対話は、ミーティングやプランニング、その他のあらゆるテクニックが登場する前からありました。かつて人は互いに興味をもち、車座になって語り合っていたのです。だから、そうしたなじみ深いプロセスを思い出すことができれば、だれもが勇気をもって話をはじめられるに違いありません。あらゆる人間の記憶に刻まれている、この集い、寄り添う、という昔ながらの方法をもう一度呼び覚ませばいいのです。

デンマークの仕事仲間がそのことを見事に表現してくれました。

「対話は、人間本来のあり方を思い出させてくれる」

私たちをさらに勇気づけるのは、多くの人が「もう一度語り合えるようになりたい」と願っている、という事実です。語り合いの機会に飢えている私たちは、自分の経験を披露し、相手の話に耳を傾けようという気持ちをもっています。何に心を痛め、どんなことに苦労しているかを共有したい、そう思っているのです。ところが、実際には多くの人が疎外感を抱き、不安を覚え、自分がまるで存在しないかのように感じています。語り合えば、そんな状態に終止符が打たれるというのに。

これは仕事仲間から聞いた話です。ある専門家会議で彼女に発表の番が回ってきたとき、出席者たちに本音で語り合う時間をたっぷりと与えたところ、最後には全員が立ち上がり、拍手喝采が起きたそうです。

このようにたった一人が勇気を出すだけで語り合いははじまります。みんなが話したいと思いながら、ほかの人が口火を切るのをじっと待っている。それは自分からはじめるだけの勇気がないからです。

では、どうすれば対話をはじめる勇気をもてるのでしょうか?

答えは言葉そのもののなかにあります。「勇気：courage」は「心」を意味する古いフランス語の「cuer」に由来しています。何かが心に語りかけてくるとき、人は勇気を奮い起こします。心の奥深くに届き、扉を開かせるものがあれば勇気は育つのです。ひとたび心が定まれば、勇気はいくらでも湧いてくるでしょう。

友人たちと話をはじめるには、ほんの少しの勇気があれば十分です。大規模な変革へとつながる活動も、はじめの一歩は親しい仲間同士で踏み出すものです。権力者同士が話し合って変化がはじまるわけではありません。まさに「最初、数人の友だちで話していたことが、いつの間にか……」なのです。変化とは、どこか上のほうの人間がこうせよ、と号令をかけて起きるものではなく、システムの内部にいる一握りの人たちが、「もうこれ以上は我慢できない」という問題に気づいたり、叶えられそうな夢を分かち合ったりするときにはじまるのです。

自分と志を同じくする人たちを何人か見つけましょう。そうすれば、最初に踏み出すべき一歩、その次の一歩、そのまた次の一歩をともに考え出せるはずです。どんなに小さな集まりも、やがては大きくなり、力をつけていきます。最初から強くなくても大丈夫、情熱さえあれば何とかなるものです。

友だちが相手であっても、対話の口火を切るのには勇気が要るかもしれません。けれども、勇気は話すことで湧いてくるものでもあります。ともに考え、知恵を合わせて行動を選択するうちに、私たちはたいてい大胆になっていきます。そして、より賢く勇気を使えるようにもなるのです。互いの経験や考えを知れば、問題の細部が見えてくるでしょう。さらには問題を生み出しているしくみへの理解も進むはずです。問題がはっきりすれば、どんな行動を取るべきか、どこに働きかけるべきかわかります。さらには、何もしないことがふさわしいときには、行動にストップをかけることもできます。

もし、対話がともに考えるための自然な方法であるなら、語り合うのを止めたとき、私たちが失うものは何でしょうか？　読み書きの力でブラジルの貧しい人びとの人生を大きく変えた教育学者パウロ・フレイレは、こう述べています。「(私たちは) コミュニケーションなくしては真の人間になれない……、コミュニケーションを妨げることは、人間をモノへと貶《おとし》めることだ」

語り合わない人間は理知的に振る舞わなくなります。いま、何が起きているか考えようとせず、何も変えようとしません。常に受け身で、他人から指図されるままに行動し、自由を放棄してしまうのです。それではもはや人ではなく物体です。「語り合わないこと」は人間性を捨てることに等しいのです。

フレイレは、人間はだれしも明晰に考え勇敢に行動する能力を備えている、と心から信じていました。私たちのすべてがフレイレのような信念をもっているわけではありません。しかし、仲間を対話へといざなうためには、その信念が必要になります。相手も何かしら意見をもち、有意義な対話に参加したいと願っている。そう信じないことには、語り合いをもちかける意味などないではありませんか。ときには理屈抜きに信じてみる必要もあるのです。相手も自分と同じように、ものごとに関心を持ち、問題を解決する能力を備えているのだと。私の経験から言っても、話題が相手にとって本当に重要なことがらであれば、呼びかけてがっかりさせられることはありません。あなたが口火を切りさえすれば、きっと相手は驚くような才能と寛大さと勇気を見せてくれることでしょう。

勇気の最大の源泉となるのは、「自分が行動しなければ、この世界は少しもよくならない」という気づきではないでしょうか。現実は勝手に変わってはくれません。私たちの行動が必要なのです。

私の住まいの近くでは、母親たちの小さなグループが地域社会のある問題について話し合っていました。その問題とは、「子どもたちが安全に通学できる地域にするにはどうすればいいか」というものです。やがて市役所に信号機の設置を働きかけたところ、意外にも要求が認められました。この勝利に勇気づけられた母親たちは次の計画を考え、それを実行するとまた次へと移りました。成功を糧に前回よりも大がかりな企画を立てては、活動を広げていったのです。

こうしてよりよい町づくりのための努力を続け、数年後には、都市計画用の莫大な助成金（数千万ドル規模）を連邦政府から獲得するまでになりました。現在、初期メンバーの一人は市の住宅行政の専門家となり、市会議員に三期当選し、議長を二期務めています。活動のいきさつについて彼女もまたこう言います。

「最初、数人の友だちで話していたことが、いつの間にか……」

対話をはじめるには勇気が必要です。

しかし、語り合わなければ何も変わりません。対話は、この世界を変える方法をともに見つけていくためにあるのです。

対話のはじめかた

有意義な対話をはじめる方法はいくらでもあります。

私は一九九三年から発起人を務めてきましたが、語り合うことの素晴らしさを確信し、そうした集いの幹事になることを楽しめるようになったのは、もっとあとになってからです。

きっかけは、同僚でもあり友人でもあるクリスティーナ・ボールドウィンとアニータ・ブラウンの活動を知ったことでした。二人はそれぞれ何人かの仕事仲間と協力して、ユニークな語り合いの方法を次々と編み出してきました。その集いに参加した人びとは、問題を深く理解し、有意義な行動を生み出し、強い一体感を得ています。クリスティーナとアニータの活動は、この本の最後で紹介していますのでご覧ください。二人とも対話の実践方法を熟知しているベテランですから、読者の皆様も問い合わせてみてはいかがでしょうか。

初めて私が語り合いの魅力の虜になったのは、このプロセス特有の連帯感、つまり人と人とが交流することから生まれる感覚をじかに体験したときです。コミュニティのなかでも組織内でも、人が行うことの大半は個々のニーズを優先します。会議や打ち合わせに出席する際には、「何としてでも自分の目的を果たすぞ」という各自の思惑が働くものです。しかし、対話はそういうものではありません。もちろん、有意義な対話からはだれもが恩恵を受けますが、お互いが思っていたほどバラバラではないことにも気づくはずです。優れた対話には、人と人を心の奥深くで結びつける力があります。経験を語り合ううちに、だれもが一体感を取り戻し、自分が一つの大きな全体の一員であることを思い出すのです。そのうえ、集団ならではの大きな知恵を見つける、という喜びもあります。お互いの知恵を持ち寄れば人間はこうも賢くなれるのかと、気づくことでしょう。

語り合いを通してより深いつながりを実現するには、新たに実践しなければならないことがあります。次に挙げるのは、私がこれまでの経験から、本格的にこのプロセスに取りかかる前に徹底すべきだと思っているルールです。

(1) それぞれが対等な立場であることを認める
(2) 常にお互いを知ろうという気持ちでいるように努力する
(3) 優れた聞き手になるには、お互いの助けが必要であることを認識する
(4) 語り合いのペースを落とし、じっくり考える時間をつくる
(5) 対話は、ともに考えるための自然で人間らしい方法だと思い出す
(6) 対話は、ときとして雑然とするものだと覚悟しておく

一つひとつのルールを詳しくお話ししましょう。

(1) それぞれが対等な立場であることを認める

対話はみながまったく対等な立場で参加する場です。だれかが何かの役割を担って臨むものではありません。対等な関係をつくり出しているのは、一つは、お互いに人間であるという事実です。そしてもう一つは、だれもが互いを必要としているという事実です。どんなに物知りだろうと、一人の人間の知識などたかが知れています。一人ではものごとの全体像をはっきりと

つかむことはできません。ある人に欠けている視点を別のだれかが補ってこそ、全体が見えてくるのです。

(2)常にお互いを知ろうという気持ちでいるように努力する

こうした謙虚な態度で対話をはじめれば、参加者は互いに関心をもちつづけられるでしょう。好奇心は優れた対話の強い味方です。相手が心から興味をもってくれていると感じられれば、自分の言いたいことや、夢や恐れは打ち明けやすくなります。聞き手の好奇心は話し手に仮面と鎧を捨てさせるのです。するとそこには、ほかのタイプのかかわり合いではめったに感じられない、ゆったりした雰囲気が生まれるでしょう。時間はかかりますが、そうした空気が広がるにつれ、お互いが打ち解けて、より本音で語る段階へと移っていきます。

私が対話に参加する際には、「今日ここに来ている人たちから、何かしら学ばせてもらえるのだ」と自分に言い聞かせるようにしています。そうすれば、たとえ自分とは相容れない主張や思いもよらない考えを聞いても、「なんと馬鹿げた、間違ったことだ」と決めつけずに、心のなかで「ああ、この人は私に教えてくれているのだ」と思い直せるのです。こうしたちょっとした心がけは、よい聞き手となり、決めつけを減らす上で役に立っています。おかげで相手に心を閉ざすことなく、オープンな気持ちを保っていられます。

(3) 優れた聞き手になるには、お互いの助けが必要であることを認識する

有意義な対話の実現を妨げている最大の元凶は、だれもが聞く耳をもたなくなったことではないでしょうか。私たちはあまりにも忙しく、自信過剰で、疲れきっています。そのためか立ち止まって相手の話を聞くということをしません。あたふたとすれ違うばかりです。いまの世のなかでは、ほぼどこへ行ってもそうした光景が繰り広げられています。対話には、私たちを優れた聞き手に戻してくれる、という素晴らしい力があります。

語り合いを呼びかける場合、私はまず「できるだけ人の話に耳を傾ける

ように努力してほしい」と伝えています。また、「だれもがよりよい聞き手になれるように助け合ってほしい」とも話します。そうした努力こそがみんなで集う目的の一つである、と確認し合うのです。最初にこうした確認をしておくと、耳を傾けることがいかに難しいかということをみんなが認識して、お互いに努力しているのがわかるので、対話がよりスムーズに運びます。

たとえ相手の話を聞かない人や曲解する人が出てきても、その人を非難する声は上がりにくいでしょう。よい聞き手になろうと努力するうちに、だれもが難しい局面に少し寛大な心で臨めるようになるのです。それにもちろん、一人ではよい聞き手にはなれません。「耳を傾ける」というスキルを磨くには助け合いが不可欠なのです。

(4) 語り合いのペースを落とし、じっくり考える時間をつくる

聞くことが優れた対話に必要なスキルであるのと同様、ゆっくりと進めることも必須条件の一つです。私たちの多くは、ともに腰を下ろし、じっくり考えるだけの余裕のない環境で仕事をしています。バタバタと会議をはじめ、

ろくに考えもせずに大急ぎで結論を出しては、またバタバタと席を立っていくのです。かたや対話は、人と人が一緒に考えることの喜びを再発見できる環境をつくり出してくれます。語り合いをゆっくり進めるためのテクニックはたくさんありますが、その一つとして、もともとアメリカ先住民の風習だった「トーキング・ピース」*という方法が用いられてきました。こうしたさまざまな技術に関しては、巻末に挙げた参考文献にも詳しく書かれています。

(5) 対話は、ともに考えるための自然で人間らしい方法だと思い出す

対話は新しいことを学ぶ機会であると同時に、私たちのなかに備わっているものを呼び覚ます機会でもあります。人間はもともと語り合うすべを知っていて、言語能力を獲得して以来、ずっとこれを実践してきました。対話はこの二十一世紀の発明ではありません。私たちは、人間がこれまでに積み重ねてきた経験を取り戻そうとしているだけです。チリの高名な生物学者ウンベルト・マトゥラーナは、「人間は家族集団を形成するにつれ、より親密な

＊「トーキング・ピース」とは、参加者のあいだで順に回せるものなら何でもよく、たとえば、ペンや携帯電話を使う場合や、さらに意味を持たせたければ特別な石やものを使う場合もある。使い方のルールは2つ。(1)トーキング・ピースをもっている人だけがしゃべり、それ以外の人は黙っていること、(2)自分に番が回ってきたら誠実に語ること。アメリカ先住民やアフリカの人びとのあいだで実践されてきた伝統的なルールである。(訳者注)
http://www.turningtooneanother.net/howtostart.html

関係を築くために言語を発達させたのだ」と言います。言葉はお互いをよく知るための手段であり、だからこそ、人間は言語能力を身につけたのです。

対話の場を主宰するうえで、こうした歴史、つまり「人間はもともと語り合う方法を知っている」という事実を頭に入れておくと心強いでしょう。ただし、覚悟しておかねばならないこともあります。現代式のミーティングのやり方に慣れている者同士が、互いを孤立させている振る舞いから脱却するには時間がかかるものです。何しろ、これまで数々の悪しき習慣を育ててきたのですから。早口でまくしたてる、人の話の腰を折る、場を独占する、一方的に主張する――そんな具合に振る舞ってきたのは、自分だけがいい思いができるから、つまり、前よりも力をもったような気分になれるからでした。

しかし、その結果が何か賢明な思考につながったか、健全な関係を築けたかといえば、そんなことはまったくありません。むしろ互いの距離を広げてきただけです。

（6）対話は、ときとして雑然とするものだと覚悟しておく

対話は人間がものごとを一緒に考えるうえでごく自然な方法です。それだけに、自然界と同様に混乱に満ちています。生命が直線的に進まないように、優れた対話も紆余曲折を経るものです。語り合うなかで、人は必ず脈絡のないことを言うでしょう。ですから、対話をはじめる際には、だれもが話を聞いてもらえるように、自分の思いを語ってもいいのだ、と感じられるようにすることが重要です。そうすれば、それぞれが自分なりの視点をもち寄り、言いたいことを言える場が生まれます。対話が一つの話題から別の話題へとめまぐるしく移っていく様子は、さながら壁にぶつかって跳ね返るピンポン玉を見ているようでしょう。発起人であるあなたは、四方八方へ広がっていく意見をつなぎ合わせなければ、と焦りを感じるかもしれません（たとえつながりなどない場合でも）。

しかし、そんな衝動には付き合わずに、ただ雑然とするままに任せてください。それぞれが自由に語るからこそ、対話全体にアクセントが付いて刺激

的なものになるのです。早計に話に流れをつくろうとすれば、せっかくの多様性が失われてしまいます。うわっつらだけきれいに整えても、深いところでしか見つからない大きな知恵にたどり着くことはできません。大切なのは、互いに相手の言葉に耳を傾けようという意欲と、自分とは違った経験や考えに興味をもつこと。聞いたそばから意味を探しに走る必要はありません。

こうした無秩序な状態は、たとえ終わりがないように思えてもそういつまでも長続きはしません。むしろ最初から抑えつけると、あとになって混沌としてきて立ち行かなくなるものです。有意義な語り合いの実現は、聞こえのいい考えや整然とした分類、狭い範囲の決めつけといったものにいかに囚われないか、にかかっています。無秩序にはそれなりの意味があります。雑然とした状態を経ずして、豊かな発想や実りある人間関係は期待できません。最初のうちは話し手が何をどう語ろうと、みんなが耳を傾ける、そういう姿勢を心がけてください。

すると、やがてお互いの共通点が多いことに気づいて驚くでしょう。それぞれの経験を深いところで貫いている秩序が、徐々にその姿を現してきます。

ただし、それが可能になるのは、まず混沌を受け入れたときだけです。

対話の実践には「勇気」「信念」「時間」が必要だ、という話をしてきました。しかし最初はうまくいかないかもしれません。また、最初からうまくいくべきものでもありません。徐々に対話らしくなっていけばいいのです。思いきって気がかりな問題を語り合ってみる、お互いに対して好奇心をもつ、ゆっくりと時間をかける、そういうことをするうちに、ともに力を合わせるという昔ながらのやり方を思い出すはずです。

いつもの性急で浅はかな態度は影をひそめ、かつて肩を寄せ合い、穏やかに語り合っていたころの喜びをかみしめるようになるでしょう。

動揺を恐れない

ともに未来への希望を取り戻す努力を続けていくためには、なじみの薄い味方と組む必要も出てきます。その味方とは「動揺を受け入れようとする気持ち」です。ほかの人の考えを耳にすれば、自分の信念が揺さぶられることもあるでしょう。大切なのは、進んでその衝撃を受ける覚悟があるかどうかです。今日、私たちが抱えている問題に対して、だれか一人が答えを示してくれるとか、たった一つの視点が解決策をもたらしてくれることはありません。逆説的ですが、解決の糸口が見つかるのは、「自分が答えを知らないことを認めたときだけ」なのです。そのためには、自分が正しいという思い込みを捨て、しばらく混乱してみる、というくらいの覚悟が必要です。

とはいえ、私たちは知らないことを認める訓練を受けていません。たいていは自信たっぷりに話さなければいけないとか、意見はもっともらしく聞こえるように述べよ、と教わってきました。心をかき乱されてもいい思いをしないから、質問を重ねてより深く知ろうとするよりも手短に答えて終わらせる、そういうことを選んできたのです。他人の言葉に耳を傾けることはあっても、それは自分と意見を同じくするか否かを見極めるためでした。そういう態度をもう何年も続けてきたわけです。私たちは、自分とは異なる考えをもつ人と膝を突き合わせ、話を聞いてみようという時間も関心ももち合わせていません。

世のなか全体がかなりややこしくなってしまいました。日々の暮らしがシンプルで、だれもが次に何をすべきか知っていた、のんびりした時代はもはや過去のものです。いまの私たちは複雑な世界に身を置き、しばしば何が起きているかもつかめないままに暮らしています。「自分がものを知らない」ということと向き合う時間をもっとつくらない限り、いつまでもその複雑さを理解することはできないでしょう。

立場にせよ、信念にせよ、解釈にせよ、いったん自分が確立したものを捨て去るのはとても難しいものです。それらは自分という人間を物語ってくれる要素であり、アイデンティティの核となるからです。けれども、これまでとは違ったやり方でともに考え、力を合わせていかない限り、世界をよりよくしていくことはできないでしょう。私たちに欠けているのは好奇心です。自分の信念を手放さないまでも、他者の信念に関心を向けるべきなのです。相手の世界観によって自分が救われる可能性があることを、だれもが認めなければなりません。

私たちは複雑に絡み合った地球規模のシステムのなかで生きています。そのややこしい世界のなかでも、一人ひとりが異なる場所で暮らしていて、しかもこの世に同じ人間は二人といません。したがって人生経験が異なるのは当然でしょう。たった二人の人間のあいだでさえ、ものごとの見方が一致することなどありえないのです。

実際に試してみればわかるでしょう。同僚なり友だちなりと共通の話題（スピーチ、映画、最近の出来事、大きな問題など）を取り上げて、それについてどう考えるのかを尋ねてみればいいのです。きっと驚くほど多種多様の考えが返ってくるでしょう。ものごとの感じ方は十人十色だということが実感できたら、さらに別の仲間にも尋ねてみてください。やがて、色とりどりの見事な織物ができあがり、それはどれか一色だけのときより、はるかに面白いことがわかるはずです。

他人の考え方に興味をもつためには、まず、自分の力だけでは何ごとも理解し得ない、ということを認めなければなりません。思ったように問題を解決できないとか、原因がつかめない場合、それはほかの人に意見を求める絶好のチャンスです。さまざまな解釈が存在するというのに、うわべばかりの対話に終始して、みんなが同じ考えであるかのように振舞っていていいはずがありません。

じっくりと意見の違いに耳を傾けていると、さまざまなことが起こります。私にも最近、そうやって耳を傾けて驚くことがありました。だれかの考えにびっくりしたんだろうって？　いや、そんな単純なことではありません。自分と同じ考えを耳にしているうちは黙ってうなずきながら聞いていられますが、驚くような考えを聞かされたとたん、思い込みや憶測も含めた自分の信念をより意識するようになる、そのことに気づかされたのです。

自分は何に驚き、何に心を乱されるのか、それがわかったおかげで、いままで見えていなかった自分の考えが見えてきました。

もし、私があなたの意見に驚くとすれば、それは私が別のことを真実だと思ってきたからであり、あなたの発言に混乱するとすれば、正反対のことを信じてきたからです。だれかの主義主張に揺さぶられると、自分の主義主張が明らかになるのです。「いったい、どうすればそんなふうに考えられるのか?」という心のつぶやきが聞こえたら、私は自分の信念を照らす明かりが灯ったのだ、と考えます。またとないチャンス到来です。自分の思い込みや憶測が浮き彫りになったときには、それでも大切に抱えたままでいくのか手放すかを決めることができるのですから。

この本を読んでいるあなたも、ぜひ新しい何かを求めて語り合いをはじめてください。自分とは違う考えにできるだけ耳を傾け、大いに驚かされてください。そして何が起きるかに注目するのです。何かしら新たな発見はありませんか？　相手との距離が縮まったのではありませんか？　このプロセスをほかの人とも実践していけば、人間とは一人ひとり、こうもユニークな存在なのかと気づいて、大笑いするかもしれません。

思い込みではなく好奇心をもって人の話を聞くチャンスは、毎日、いくらでもあるでしょう。何よりも素晴らしいのは、耳を傾けるとその人との距離が縮まることです。頭ごなしに決めつけるのをやめて、相手の言葉を聞いてみると、お互いの関係は必ずよくなります。私たちを分かつのは「違い」ではありません。相手に対する決めつけこそがお互いを離れ離れにしているのです。互いを再び結びつけてくれるのは、好奇心、そして話を聞く姿勢です。

変わりたくないから自分とは違う意見は聞きたくない、と思う人もいるかもしれません。いまの自分でいることがラクなのに、だれかに疑問を投げかけられたりしたら、嫌でも見直しを迫られるからです。耳をふさいでいればいまのままでいられますし、エネルギーを使う必要もありません。ところが、そのくせたいていの人間が、自分の人生観や世界観はユニークなものだと思っています。しかし、それほどユニークな考えをもっているなら、耳をふさいでいないで、お互いにもっと耳を傾けるべきなのです。互いに信念を揺さぶられて居心地の悪い思いをしてみる勇気をもちましょう。

混乱なくして創造はありません。

変化はいつも混乱からはじまります。後生大事に抱えてきた見解をぬぐい去らない限り、新しい見解は手に入りません。もちろん、自分の慣れ親しんだものを手放すのは恐ろしいでしょう。けれども「虎穴に入らずんば虎子を得ず」というではありませんか。奇跡のようなアイデアや発明は自分の無知を認めてこそ現れてくるものです。恐る恐るでも虎穴に足を踏み入れれば、得られるものは大きいでしょう。きっと豊かな創造性が見つかります。

世界がますます奇妙で不可解な難しい場所になるなかで、ほとんどの人が孤軍奮闘はもう嫌だ、と思っているのではないでしょうか。私も自分だけではどうすればいいのか見当もつきません。ただし、それは、いま起きていることについて理解が足りないからだ、ということはわかっています。だから、自分の恐れや希望をすべてあなたに伝えたいし、あなたの恐れや希望を聞く用意があります。私を悩ませている問題を解決するには、新しいアイデアや答えが必要です。だから、あなたと語り合ってそれを見つけたいのです。あなたの視点を尊重できるようになりたいし、あなたにも私の視点を尊重してほしいのです。あなたの言葉に動揺する覚悟はできています。

一緒にじっくり考えていくために同じ考えをもっている必要はありません。私たちは、頭と頭ではなく、人間らしい心と心でつながり合えばいいのですから。

自分ではわからない

マーガレット・ウィートリー

絶対に　わからない
自分が　だれかなんて
（なんと　奇妙なことだろう）

昔　どんな誓いを立て
だれを　知っていたかも

あの日　何を願い
どこに　いたかも

世界に夢の　種を播いた
遠い日のこと

やがていつか　だれかが

思い慕らせ　そっと溜息
新しい風が　吹きはじめる

だれかが　呼ぶ声に
だれもが　寄り添う

だれかが　語る夢に
だれもが　命を吹き込む

だれかが　問いかける「なぜ？」に
だれもが　答えを差し出す

なんと　奇妙なことだろう

絶対にわからない
自分がだれかなんて

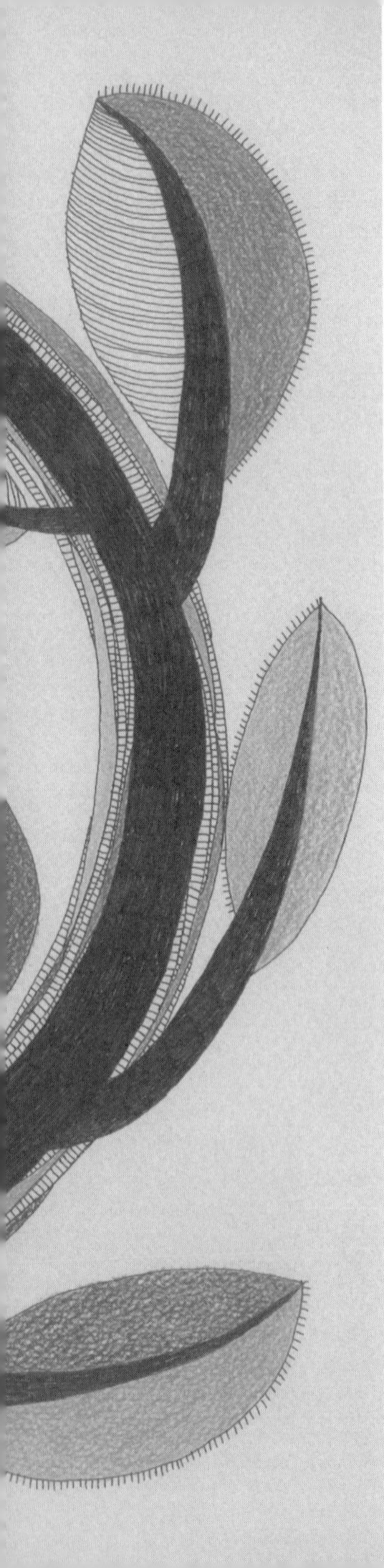

第2部

一息ついて 振り返ってみましょう

a place to pause
and reflect

対話は
ともに考えるための
自然で人間らしい方法です。

混乱を受け入れなければ
豊かな創造力は生まれません。

私たちを分かつのは「違い」ではなく、
互いに対する決めつけが
私たちを離れ離れにしているのです。

共通の問題意識をもつコミュニティほど、
大きな変化の力をもつものはありません。

自分自身を
尊敬することが
できていますか？

現実は
勝手に変わってはくれません。
私たちの行動が必要なのです。

第3部

対話のきっかけ

conversation starters

ここからは、あなたの出番です

第一部は、読者を勇気づけ、自分でも語り合いの場をつくりたいという気持ちになって頂くために書きました。この第三部では、対話のきっかけになりそうな一二のテーマを提供したいと思います。対話の場を主宰する際の材料としてお使いください。いずれも、一つの問いをテーマとし、物語や引用や詩、そして私自身のコメントが盛り込まれた短いエッセイになっています。

とはいえ、ここから行動するのはあなた自身です。この本で提供している話題を自分一人の胸にしまっておいたのでは、世界は何も変わりません。これらを読んで、友だちや仕事仲間と分かち合いたいという気持ちになって頂ければ幸いです。つまりあなた自身の、対話のきっかけにしてほしいのです。

もちろん、自分や友だちにとって関連性の高い問題や夢があるなら、それを話題にしてもいいでしょう。ですが、最初からでもあとからでもかまわないので、ここで示した話題もぜひ試してほしいのです。そこから生まれる対話の質の高さ、奥深さにきっと驚かれるでしょう。いかにスムーズに豊かで有意義な対話へと入っていけるかが、わかってもらえると思います。そして、語り合いのなかで大いに触発され、驚きを発見してください。

対話は一番くつろげる環境で、一番熱心な人たちとはじめましょう。そこから、少しずつ参加者を増やしていき、多様で面白い集団へと成長していけばいいのです。ときどき仲間同士で「次はだれを呼ぼうか？」と問いかけてください。これを定期的に繰り返していけば、新鮮で重要な対話の材料を持ち寄ってくれる仲間を増やしていけることでしょう。

新たな声が加われば集まりが活気づきます。そして、見つかりそうもなかった解決策が見つかる、ということもよくあります。行き詰まりや慣れ合い、いらだちが目立つようになったら、扉を開けて新たな風を入れましょう。対話に変化をもたらしたければメンバー構成を変える、というのが私のモットーです。

最初は少人数のシンプルな集まりにしておき、折を見て、ほかに参加を希望している人がいないかを探す、というやりかたがいいようです。集まりが発展するにつれ、あなたもこうした実感を得られることでしょう。共通の問題意識をもつコミュニティほど、大きな変化の力をもつものはほかにありません。

さあ、ここからはあなたが対話をはじめる番です。

Do I feel a vocation to be fully human?

1

人間らしく生きたいと感じていますか?

私たちは別に、
地球を救おうというのではありません。
ほかの人たちを思いやり、
自分の行ないが
他者にどんな影響を及ぼすかを考えるだけです。

——ペマ・チュードゥン(チベット仏教の尼僧)

『すべてがうまく行かないとき——
チベット密教からのアドバイス』
(ハーディング祥子訳、めるくまーる)

人間らしく生きたいと感じていますか？

世界的に有名なブラジルの教育学者・パウロ・フレイレは、人間の可能性を信じて疑いませんでした。「私たちには〈人間らしく生きる使命〉がある」と繰り返し説き、その確信を、貧困にあえぎ、読み書きすらできない人びととともに実証してみせました。考えることを学んだとき、人びとは自分を苦しめている貧困のしくみを理解できるようになり、自らの境遇を変えようと力強く行動しはじめたのです。フレイレの教育への取り組みは「愛の教育学」と呼ばれています。では、彼の言う「人間らしく生きる使命」とは、どんなものなのでしょうか？

「使命（vocation）」という概念には宗教的、哲学的な意味合いがあります。神から授けられた仕事、または、そうするように生まれついたこと、つまり「思し召し（call）」のことです。使命は自分で決めるものではありません。受け取るものであり、常に自分の外からやってくるものです。したがって、自分という狭い意識を超えたところで何かが起きている、ということを認めないと、使命や思し召しについて語ることはできません。自分は一人で生きているわけではないこと、それぞれに目的をもった人びとからなる大きな世界の一員であることを思い出させてくれるもの、それが使命なのです。

たとえ「使命」という表現を使わないとしても、たいていの人間は人生に意味を見出したい、と願っています。若いときから、特に私たちのような大人になってからは、よく「自分の人生とはこういうものだ」と話したり、「生かされているのにはこんな理由があるのだ」と口にしたりします。「自分の人生にはきっと意味がある」と語る若者に出会うと、私はうれしくなります。生きがいという感覚をしっかりもっている人は、この先、どんなことが待ち受けていても乗り越えられるでしょう。一方、「人生に意味などない」と思っていれば、困難にぶつかったときに簡単に打ちのめされてしまいます。

「自分を超えたところに生きる意味がある」ということの感覚は、人間が普遍的にもち得るものです。その人がどのような境遇に置かれていようと、関係ありません。たとえ快適で満ち足りた安全な暮らしをしていなくても、生きがいを感じられるのが人間なのです。いや、それどころか、このうえない絶望的状況に置かれた人間こそが、しばしば私たちに一番の模範を示してくれさえします。拘束され、自由を奪われながら、あるいは赤貧にあえぎながら、それでも悲劇や苦しみに耐えている人びと――、彼らほど「人間らしく生きる使命」とは何かをはっきり教えてくれるものはありません。

六人の子をもち、七人目を身ごもっていたルワンダ人女性は、村全体が大量虐殺に遭ったときのことを話してくれました。

家族のなかで最初に銃弾に倒れた彼女は、次々と殺害された六人の子の遺体の下敷きにされ、生き埋めにされたそうです。それでも、なんとか自力で這い出したあと、子どもたちの亡骸を埋葬し、赤ん坊を出産しました。さらには、まもなく同じ村の五人の子どもを養子に迎えたのです。いずれも虐殺で両親を失った子どもたちでした。

女性には信念がありました。自分が生きながらえることができたのは、亡くなった我が子の代わりにその子どもたちの面倒をみるためだったのだと。

この若きアフリカ人の母親から、私は、「人間らしく生きる使命」を教えられた気がします。一人で悲しみのなかに閉じこもるのではなく、だれかに手を差し伸べ、心の広さを示す。そのほうが私たちはよほど人間らしく生きられるのです。どんなときも心を開いていかない限り、本当に人間らしい人間にはなれません。いま、世界では常にだれかが別のだれかに耐えがたい悲劇を負わせ、悲しみの原因をつくっています。苦しみや不安が増え続けるこの時代だからこそ、私は自分の心を開き続けることを忘れないようにしたいと思うのです。

考えてみれば、私自身、心を開いて人と接しているときの自分が好きです。他人を恐れたり、怒ったりしている自分は好きになれません。恐れや怒りを感じさせる行動をしてくる人は大勢いますが、それでも、私はそうした感情を抱いたまま相手に向かっていきたくはないのです。それでは、真の人間らしさに近づくどころか、遠ざかっている気分になるだけだからです。人間らしさを感じられるのは、自分の殻を破り、人に手を差し伸べたときだけです。そして、それが「人間らしく生きる使命」の意味するところだと思っています。

自画像

デイヴィッド・ホワイト

私にはどうでもいい
神はひとりきりだろうと　大勢だろうと
私が知りたいのは
きみが守られていると感じているか
それとも見捨てられたと感じているかだ

きみは絶望を知っている人だろうか
人の痛みを知っているだろうか
私は知りたいのだ

きみに変わる覚悟はあるか
世界が容赦なく要求を突きつけている　このときに

過去から目をそらさず
現在へと至ったわけを見つめられるか

きみは知っているだろうか
生きることの灼熱へ　飛び込むすべを
きみ自身の思いのたぎるマグマへ　降りていくすべを

私は知りたいのだ
愛が何をもたらそうと
日々を生き抜けるだろうか
負けるとわかった闘いでも
切ない情熱を注げるだろうか

そんな狂おしい思いに抱かれるとき
神々さえも神に祈るという

2

未来における役割は何ですか？

いまの生き方が
真に人間らしく生きる使命とは
相容れないものだと気づいたら
いったいどうすればいいのだろう？

——パウロ・フレイレ（ブラジルの教育学者）

未来における役割は何ですか？

未来はどこから来るのでしょうか？　最近は、どこからともなく現れるように感じることが多くなりました。突如ものごとが一変して、従来のやり方が通用しなくなっています。気づけば見知らぬ場所にいて驚く——、そんな状態は居心地が悪くて、好きになれるものではありません。

未来は、たとえ不合理に立ち現れるように思えたとしても、理由もなく形づくられるわけではありません。明日の出発点は今日にあります。いままさに私たちのやっていることが、現在の価値観や信念が現実となって現れる、それが未来です。つまり、私たちは毎日自らの未来を選択しているわけです。もし、違う未来を望むのであれば、現在行っていることに対して責任をもたなければなりません。

私は未来を信じています。未来は変えることのできない道筋などではないからです。いまいるこの場所から、方向を変えることができます。そのためには、ものごとを深く考える力を身につけなければなりません。いま起きていることを徹底的に見直し、それに対してどうしたいのかを決めることです。

喜ばしいことに、パウロ・フレイレの取り組みでも証明されたとおり、そうした思考法はだれにでも修得できるものです。経済的に困窮している人びとは、読み書きの力と判断力を武器にすれば貧困と戦うことができると知ったとき、ものを深く考えるすべを獲得しました。教育が暮らしをよりよくしてくれる可能性があると気づいた人は、急速に学んでいきます。

境遇に関係なく、いま、私たちの多くは未来を信じられなくなっているようです。経済的に貧しかったり、物質的には豊かでもその意味を見失っていたりする人は、いまこそ、未来に希望を感じているかどうかを振り返ってみるべきでしょう。世界には苦しみがあふれ、しかもいまなお増え続けています。もちろんそうした苦しみは一様ではありません（私は贅沢暮らしの虚しさと、飢えや暴力が引き起こす苦しみを同列に扱うつもりはありません）が、多くの人が辛い思いをしているのは紛れもない事実です。苦しみがいまの人間に共通のありようだと気づけば、私たちは相手に耳を傾け、その同じ思いを分かち合うことができるのではないでしょうか。そうした姿勢があれば、互いに心を開き合い、幸先のよいスタートが切れるはずです。

ときに私たちは、苦しみに満ちた現在に対して、やみくもな信念で抵抗を試みます。特にアメリカではそうした傾向が著しく、こんな発言をよく耳にします。「私は人間の創造力を信じている。人間はどんな問題であろうと解決できるのだ」と。こうした言葉には、人間の可能性へのゆるぎない信念を表明したい、という発言者の思いが込められていますし、他者を勇気づけようという気持ちもあることでしょう。しかし、これまで深刻な問題が起こるたび、人間の創造力は既に解決の道を発見してきたではありませんか。私たちに足りないのは、解決策そのものではなく、それを実行する力なのです。

たとえば、この星には、世界じゅうのあらゆる人に行き渡るほどの十分な食糧や資源が揃っています。私たちに欠けているのは、その資源を平等に使い、公平に分配する政治的な意志です。同じことは多くの環境問題についても言えるでしょう。山のようにゴミが発生し、処理する場所は限界にきています。もちろん、製造の工程で大量の原料を使いながらも、ゴミをほとんど出さないように工夫している企業もあります。また、(自然界のしくみと同じように)ある会社が出した廃棄物を別の会社の資源として利用する、そんな産業があることも確かです。

しかし、これから先もこうした人間の豊かな創造性をやみくもに当てにしていくことはできません。数々の重大な問題に対する解決策なら、既にいくつも捻り出されてきたではありませんか。すべての人びとが健全に生きられる未来を創造する方法はもうわかっているのです。

私たちの問題はそれとは別のもの——解決法を行動につなげる意志をいかにして育てるか、ということです。そうした知識と行動の溝を埋められるのは人間の心をおいてほかにはありません。

だれもが心を開き、いま、世界で起きていることに関心を向ければ、行動力は取り戻すことができます。行動を起こそうという意志と勇気は必ず湧いてくるでしょう。個人的なレベルでも、コミュニティや組織、国家のレベルでも、それは起こり得ることなのです。

それ以外に、未来に希望を取り戻す方法はありません。いまこそ、私たちは現実に目を向け、ともにその問題を考え、どう行動するかを選択していかなければならないのです。もはや、生き方を変えるのが嫌だから、という理由で解決策をつっぱねているときではありません。

手はじめに、自分の思いを語り合ってみましょう。身近なところやもっと広い世界で起きていることに対して、どんなふうに感じているかを話してみるのです。私たちは生きがいのある人生を送れるのでしょうか？　他者の生活をよくする手助けはできるでしょうか？　自分のニーズや行動は、ほかの人たちに――血のつながった家族はもちろん、世界全体の家族にどんな影響を与えているでしょうか？

もし、いまの生き方が好きになれないとすれば、その理由を考えてみる必要があります。なりたい自分になれないのはなぜなのでしょうか？　答えは一つとは限りません。先進国には、正しいと思う道を歩みたいと思いながら、企業の論理でそれができない人がいます。かたや新興国には、職そのものがないことから理想を貫けない人もいます。女性や若者への文化的な偏見が妨げになる場合もあるかもしれません。抑圧という顔の見えない体制に縛られている人びとがいる一方で、個人的に勇気がなくてためらっている人もいるでしょう。答えは同じでなくていいのです。ただし、だれもが同じ問いかけをしなければなりません。この問いを自らに投げかけることができれば、必ず変化は起きるはずです。

未来はいまいる場所からはじまります。

私たちが現在に意識的に目を向けていかない限り、未来が変わることはありません。人間としての可能性はだれにでも十分備わっています。ともに考え、ともに振り返ること、互いを思いやること、勇気を奮い立たせて行動すること、そして未来を取り戻すこと――、人間にはこうした優れた資質と行動力があります。だからこそ、私は未来を信じています。

葛藤

ベン・オクリ（ナイジェリアの詩人）

我々はいったい　何を選ぼうとしているのか？
このまま落ちていくのだろうか
果てしない混沌と闇のなかへ
希望もなく　まとまりもなく
よりどころもなく　光も差さない
葛藤の余地すらない世界へ
大量殺戮者
生気を吸い取るヴァンパイア　連続殺人鬼たちの温床へ
無秩序と無節操を乞い願い
殺人　レイプ　大虐殺が当たり前の世界へ

ただ落ちていこうというのか？

それとも　流れに身を任せ
変わりばえしない時代を繰り返すのか？
意味を失い　恥を知らない時代を
驚きもなければ　興奮もない
おなじみの茶番劇を
結末の見えた退屈なひとときを
「山も谷もなく、味気もない、無気力で、空虚な」時代を

漂い
あてもなく流され
退屈と無気力のあまり気にすることもない

どんなに奇妙な現実が
日夜　頭をもたげようと目に入らない
正当な権利をなくしたと気づくころには
何をするにも手遅れで
何かを考えるにももう遅い
晴れても荒れても気ままなその日暮らし
自分の命を売り渡しても
かまわないというのか？

それともいまこのときを境に
はっきりと目を覚まし
世界に力をみなぎらせようと決意するのか？
気づきを高めようと　人知れず誓いを立てるのか？

もっと陽気で　寛容で　正々堂々とした
もっと責任と　自由と　愛のある人間に
内に秘めた力に気づき　もっと驚きに満ちた人間になるために

この先　昇るも堕ちるも自らの選択次第だ
未来はどの道を選ぶかにかかっている
何を選び　どんな道をたどるにせよ
頼れるのは内なる光のみだ
その光をどこに向けるのか
どんなときに使い
どんなときに使わないのか
それとも偽りのその日暮らしをつづけ
このまま朽ち果てていくのか

3

他人を信じていますか？

愛とは、法律よりもずっと
要求の厳しいものなのです。

――デズモンド・ツツ（南アフリカの元大主教）

他人を信じていますか？

人間は善良な存在である、という事実を、いまこそ頼りにする必要があります。そんな「事実」を絵に描いた餅だと思うでしょうか？　来る日も来る日も人が人をあまりにも簡単に傷つけ合っている暗い時代ですから、そう思うとしても無理はありません。大量殺戮、民族間の対立、暴力が毎日のように繰り返され、自分たちを守ることだけに必死な集団同士が憎しみから互いに相手を恐怖に陥れています。世界にある二四〇数カ国のうち、四分の一近くがいまも戦争に明け暮れているのです。

日常生活でも、いらだちと偽りに満ち、自分の要求だけを通そうという人びとに出くわします。どこを向いても怒り、不信、欲望、さもしさが溢れ、私たちは一致団結してよりよいものをつくり出す能力をなくしかけているようです。かつてないほど自分の殻に閉じこもり、他人を信じなくなっている人びとが増えています。けれども、こうしてひっきりなしに人間の最悪な部分を見せられているいまだからこそ、より一層、善良なる部分を頼りにしなければならないのです。互いを信じられないところに、真の希望など存在し得ません。

人間の豊かな創造性、他人を思いやる気持ち、強い意志、それらに匹敵するものがあるでしょうか。

人は信じられないくらい寛大になれるし、創意工夫することも、心を開くこともできるのです。不可能を可能にし、またたく間に学びとっては、柔軟に変化し、苦しんでいる人びとにためらいなく慈悲の手を差し伸べる、それができるのが人間です。そうした振る舞いを私たちはふだんから示しているはずです。問題にぶつかるたびに何とか答えを探し出す、何をするにも前より少しでもよい方法を工夫する、困っている人に出会えば助け船を出す――、そんなことを頻繁にやっているのではありませんか？

物言わぬロボットのように同じ作業を繰り返すだけで、助けを求められてもまったく気づかずに過ごしている人など、ほとんどいないでしょう。職場や近所を見まわしただけでも、あなたと同じようにだれかの役に立とう、ほんの少しでも貢献しようとしている人ばかりだ、と気づくはずです。

ところが、いまこそ互いを一番必要としているというのに、私たちは自分が大きな可能性を秘めた人間であることを忘れています。いや、それどころか、自分の最悪な部分を引き出すようなことさえしています。相手を人間扱いせず、そのことで自らの人間性も貶《おとし》めているわけです。人間らしさに欠かせない要素――精神《スピリット》、想像力、生きがいや絆を求める心――をくだらないものと片づけたあげくに、生産性という経済的論理のためなら、人間を機械や交換可能な部品のように扱うほうが好都合だ、というのです。その結果、職場も社会も、欲望、利己心、競争といった破壊的動機を中心に回るようになってしまいました。

何年もこき使われ、ダメな人間だと言われ続けたうえ、命を軽視した熾烈な過当競争の犠牲となってきた人たちは、みな疲れ果て、世のなかを皮肉な態度で見つめるようになり、自分の身を守るだけで精一杯です。

だれがそうならずにいられるでしょう? 悲観的で生気のない人びとを

つくり出しているのは、彼らを非人間的に扱っている組織や政府にほかなりません。人間をモノのように扱い、だれかほかの人間の利益のためだけに利用する、そんなことが許されていいものでしょうか。文句も言わずにただ従うことが第一の価値とされるとき、創造性、意欲、寛大さといった価値は破壊されていきます。そうした抑圧がまかり通る世界では、何世代もの人びとが文化もろとも殺されたに等しいのです。

しかし、私たちは、抑圧に立ち向かう人びとから、人間がいかに偉大な精神の持ち主であるかを学ぶことができます。二十世紀という戦慄の歴史は、人間の最悪の部分を見せつけると同時に、最良の部分も示してくれました。暴力に決して屈しなかった人びと、恐怖のどん底にありながら他者に思いやりを示した人びと、拷問や監禁にもめげず寛大な心を失わなかった人びと――彼らの歴史にあなたは何を感じるでしょうか？　そうした実話を知ってもなお、冷めた目を向けていられる人間など、まずいないでしょう。むしろだれもが、その種の経験談に飢えていると言ってもいいくらいです。なぜなら、数々の実話は私たちに真の人間らしさを思い出させてくれるからです。

そういう話ならもっと聞きたい、人間の善良さをもっと忘れずにいたい、という気持ちが湧いてくるのです。

私が感動した話を一つ紹介しましょう。

南アフリカ共和国の強制収容所があったロベン島をグループツアーで訪れたときに聞いた実話です。その島には、かつてネルソン・マンデラをはじめとする反アパルトヘイト活動家の多くが二五年以上も収監されていました。彼ら被収容者たちの歴史は、拷問や過酷な迫害に屈しなかった人間精神の勝利を示す実話であふれています。そのなかでも、この話はひときわ輝きを放っていました。

ツアーの一行が細長い部屋に入ったときのことです。そこはかつて何十人という自由の戦士たちが押し込められた監獄でした。ベッドも家具もなく、あるのはむき出しのコンクリートの壁と床、天井近くに開けられた小さな窓だけです。そんな殺風景な部屋にかつては大勢がひしめきあって暮らしていたそうです。私たち一行はそこにたたずみ、まさに当時投獄されていたというガイドの説明に耳を傾けていました。人気のない監房を眺め回していると、足元から冷気が這い上がってきます。格子のはまった扉の向こうにじっと目をやる私たちに、ガイドの男性が語ってくれました。被収容者たちが、どんなに命の危険に晒され、看守たちの気まぐれで残虐な仕打ちに日々苦しめられていたことか。そこでガイドは一瞬、口をつぐむと、細長い部屋の奥へと視線を移し、静かにこう言いました。

「ときには、社交ダンスを教え合ったこともありましたね」

そのとき頭に浮かんだ光景を、私は決して忘れないでしょう。生きる気力も失せ、疲れ果てた男たちが、細長い監房の寒々とした沈黙のなかで社交ダンスを教え合っている――。そんなダンスは、人間らしい精神の持ち主にしかできるものではありません。

「人間の善性を信じるか」というこの問いは、哲学上の命題ではありません。私たちがこの先お互いにそっぽを向くのか、それとも歩み寄れるのかは、互いに相手をどんな人間だと思っているかにかかっています。勇気ある行動とは、人間の悪しき側面を信じる人たちから生まれるものではありません。

相手を信じていない人間が、歩み寄るなどというリスクをどうして冒すでしょう？　救う価値がないと思っている相手に、どうして手を差し伸べるでしょう？　相手に対する行動は、自分がその人をどう思っているかによって決まるのです。自分と同じくらい大切に思えない相手には、私たちは目もくれようとしないはずです。

対等な者同士のあいだに抑圧は決して生まれないものです。いつの世も圧政がはじまるのは、自分のほうが他者より人間らしいという、一部の人間の思い上がりからです。人を虐げても平気でいられるのは、ほかの人は自分と同じような痛みを感じない、と考えているからにほかなりません。

私は、こうした構図をアパルトヘイト終結後の南アフリカの真実和解委員会で目の当たりにしました。委員会では、南アフリカの白人たちが黒人たちの悲痛な叫びに耳を傾けていました。暴力によって我が子を奪われた母親、拷問で夫を失った妻、白人家庭にメイドとして仕えるため我が子と引き裂かれた女性……。人びとの深い悲しみが明らかになるにつれ、白人たちは初めて彼らも同じ人間だということに気づいたのです。アパルトヘイト時代、黒人への差別を（意識的か無意識的かにかかわりなく）正当化していたのは、黒人は苦しまないもの、という白人側の思い込みでした。つまり黒人を人間として認めていなかったのです。

では、真の人間同士として向き合うとき、得られるものは何でしょうか？　現代という難しい時代を乗り切ろうと奮闘している私たちにとって、これは重要な問いかけです。なぜなら、いまほど互いを必要としているときはないからです。それぞれが創造性と思いやりと開かれた心を持ち寄らない限り、ここから脱出する道は見つからないでしょう。しかし、互いを同じ人間として信頼するなら、助け合えるのです。どうか相手の善良な部分を信じ、互いに歩み寄ろうと声をかけてください。

希望に満ちた未来はあるはずです。しかし、互いの存在を頼りにせず、単独でたどり着くことは不可能です。未来を変えたければ、善良さというかけがえのない人間の本質を、いまだかつてないほど信頼しなければならないのです。

星たち

マーガレット・ウィートリー

いまも空気の澄んだ場所では
満天の夜空へといざなう
星たちの歌が聞こえる

柔らかな地面に寝転び
切ない思いを空に馳せながら
人は星たちの歌に問いで応える
宇宙はなぜこんなに広いのだろう?
人間はなぜこんなにちっぽけなのだろう?

夜通しつづく星と人との問答

生まれてからずっと
私は宇宙に問いかけ
答えに耳を澄ましてきた

空が白み　星たちの歌声が消えてゆくと
人は神秘を忘れて　日々の暮らしへと向かう
星たちは変わらず呼びかけている
答えが返らなくても

なぜ星たちを科学で説明しようとするのだろう?
なぜ無意味なことと片づけるのだろう?

次の星降る明るい夜には
澄んだ空を探して尋ねてごらん
人間とはいったい何だろう?
神秘のどこに私たちの場所はあるのか?

あなたの耳にも届くだろう
ずっと私が聞いてきた
内なる輝きの歌が

なぜって　星たちは
いつも呼びかけているのだから

人間よ　もうそろそろ
向かい合いなさい
向かい合って見つめれば
そこにはきっと
星たちがきらめいているから、と

［注］満点の星空では、目に見える一つひとつの星の向こう側で、それぞれ五〇〇〇万個の星がまたたいている。

4

何に目を向けていますか？

心の目を開かせてもらえたのは
なんと幸運なことでしょう。
おかげで、ほかの人びとのことや
その苦しみに気づくようになりました。

——ペマ・チュードゥン

何に目を向けていますか？

二〇〇一年の冬、インド西部が壊滅的な大地震に襲われた直後、私はイングランドに滞在していました。テレビでは毎日のように、写真やレポートで現地の悲惨な被害状況が伝えられ、被災者を家族にもつロンドン在住のインド人たちへの取材が行われていました。来る日も来る日も恐怖の体験談を耳にし、数々の写真や映像を見続けているのは実に辛いものです。

そんなとき、一人の精神的指導者《スピリチュアル・リーダー》と食事する機会が巡ってきました。慈悲心に篤い彼は、既に何度もインドへ飛んでは孤児院や学校をつくってきた人物です。孤児院といっても、彼の手がけたものは従来の施設とは違って、孤児たちが大人になるまで暮らせるようなコミュニティになっています。そうしたしくみをつくり上げるために彼が注いだ思いやりとインドの人びとへの深い愛情に、私はすっかり感銘を受けていました。

ところが、話題が例の大地震のことに及ぶと、驚いたことに彼はこう答えたのです。「私にはどうしようもない。いや、考えることすらできない。第三世界ばかりがこうも大きな悲劇に見舞われては、お手上げだ」

私にもこの心情はわかります。しかし、これがほかでもない彼の口から出た言葉だったことに私はショックを受けました。あれほど精力的にインドで活動してきた人物が、その人びとの苦しみを知りながら、どうして心を閉ざしていられるのでしょう?

そんな問いを本人にぶつけられるほど、私は彼と親しい間柄ではありませんでした。しかし、私自身に問いかけることはできます。人間の苦しむさまを次々と見せつけられてきたいま、私たちは何をしているのでしょうか?否応なく湧いてくる感情に、意識的か無意識かは別として、どんなふうに対処しているでしょうか?ただただ、見て見ぬふりをする、私たちの多くがそうしているように思えてなりません。人びとの苦悶の表情、血も凍るような恐ろしい光景——、そうした写真や映像を新聞やテレビで頻繁に目にしているのですから、顔をそむけ、何ごともなかったかのように自分の生活を続けたくなるのも無理はありません。その悲劇が自分の身近なところで起きたものであるなら、怒りもするし、何とかしようとも思うのでしょうが。

私自身、他人の悲しみや痛みから目をそむけたことは何度もあります。多くの人が同じように振る舞うことを目の当たりにしてきました。状況を変えるすべも苦しみを取り除く方法も知らない私たちは、助けようがないから、という理由でその場を立ち去り、テレビを消し、写真を伏せ、悲しんでいる友人を放っておきます。けれども、そうした行動はだれの助けにもならないし、自分のためにもなりません。世界をシャットアウトすることなど不可能だからです。世のなかで起きていることを、いまだかつてないほど意識させられていながら、どうすることもできないとは、なんともどかしいことでしょう。しかも、どんなに締め出そうとしても、苦しんでいる人びとがいる、という意識が消えてなくなることはありません。むしろ、じわじわと心に入り込んでくるのです。

助けたいのは山々だけれども、自分は無力だと思い込み、本当は助ける方法があるのに何もしないでいるとは、なんと皮肉なことでしょう。私たちは、寄り添うという方法によって助けられるのです。深い悲しみを経験したとき、友だちがただそばにいてくれるだけで慰められた、という経験はありませんか？　そんなときには何もしゃべらず何も求めず、ただそこにいて嘆き悲しみに立ち会ってくれるだけで、癒されたはずです。

私はこの「立ち会い」という方法を数年前から実践してきました。宗教的な意味合いはありません。ただ苦しんでいる人に寄り添い、その人の苦しみをありのままに認め、目をそらさずにいるだけの勇気をもつ、というシンプルな方法です。それで相手の苦悩が消えてなくなるわけではありませんが、少しだけ和らぐこともあるのです。苦しんでいる人と向き合い、相手の思いを感じ取ろうとする。その人の経験に心を開き、目をそらさないようにする。そうやって苦しみに立ち会うのです。

いまの時代、悲しみはふくらんでいく一方です。いまだに厳しい貧困はなくならず、飢餓は拡大し、重大な病にますます多くの命が奪われています。武力衝突は拡大し、難民キャンプはふくれ上がるばかり。干ばつ、洪水、暴風雨、地震など、自然災害が猛威をふるい、大打撃を受ける人びとがあとを絶ちません。

そうした苦しみに対してどう行動するか、その選択肢を握っているのは私たちです。ただ絶望と圧倒的な無力感にさいなまれているのも選択肢の一つ、世界で起きていることに背を向けて、せめて自分だけは充実した暮らしを送ろうとするのも選択肢の一つです。

それとも、悲しみや苦しみに立ち会う努力をするでしょうか。起きてしまったことは変えられませんが、苦しんでいる人びとの前から逃げ出さずに、向き合うことならできるはずです。私は、何か壊滅的な出来事があると写真を切り抜くようにしています。難民キャンプの母親、戦場の子ども、シェルターで身を寄せ合う家族――、そうした写真を凝視し、彼らと目を合わせ、心で感じようとします。相手の経験していることから逃げ出さないようにするための、とてもシンプルな方法です。その人を救うことはできませんが、少なくとも目と目でその人とつながり、悲しみに立ち会うことはできます。自己満足のためではありません。世界にはいまも苦しんでいる人たちがいる、という現実から逃げないようにするためなのです。

「立ち合い」のために、ほかにも試してきた方法があります。

たとえば、どちらかといえば顔を合わせたくない人と出会っても、立ち去らずに相手の話に辛抱強く耳を傾けるようにすること。漫然とテレビを見たり雑誌をパラパラめくったりする暇があるなら、悲劇の歴史や、拷問や大虐殺の真実を伝える本を読むこと。最初のころ、そうした実話はあまりにも恐ろしすぎて、とても耐えられないと感じていました。しかし、最後まで読み通すことが自分の役割なのだ、と言い聞かせるようにしています。過酷な状況を生き抜いた人びとがいるなら、その経験を知ることが彼らへの賛辞だと思うからです。彼らが懸命に生き延びたのなら、私はせめて最後まで読み通せるはずだと。

もしこの世界が穏やかで、だれもがやすやすと生きられるのだったら、私たちがどちらを向いていようと、たいして問題にはならないでしょう。ところが、実際には、ほとんどの人が状況は悪化の一途をたどっていると感じ、すぐによくなることはないだろうと思っています。多くの人間にとって困難な時代だからこそ、より賢い方法で苦難や逆境と付き合っていかなければなりません。

顔をそむけるか、それとも顔を向けるか。私たちにできることは二つに一つなのです。

子どもたちへの祈り

アイナ・J・ヒューズ作（アメリカの教師）
ジェームズ・スタイヤー編集

子どもたちのために祈ろう
夕飯の前に　こっそりアイスを食べるきみたちへ
算数ドリルの間違いを　消してごまかすきみたちへ
食料品店で駄々をこね　つまみ食いするきみたちへ
お化けの出てくる話が　大好きなきみたちへ
いつも靴がどこかへいってしまう　きみたちへ

そしてまた祈ろう

有刺鉄線の向こうから　カメラマンを見つめるきみたちへ
新品のスニーカーで　自由に歩き回れないきみたちへ
だれもが行きたくない場所で　生まれ落ちたきみたちへ
一生　サーカスを見ることのないきみたちへ
いかがわしい界隈で　生きていくしかないきみたちへ

子どもたちのために祈ろう

犬と一緒に寝て　金魚のお墓をつくるきみたちへ
キャンディのべたつくキスと　一握りのタンポポをくれるきみたちへ
夜中に妖精が来て　抜けた歯と引き換えにプレゼントをもらうきみたちへ
大慌てでハグしたあと　お昼のお金を忘れて出かけるきみたちへ

そしてまた祈ろう
一生に一度も　デザートを食べられないきみたちへ
お気に入りの毛布を　引きずることのないきみたちへ
父さん　母さんの目の前で　死んでいくきみたちへ
盗むパンさえ　見つからないきみたちへ
片づけなければならない部屋を　もたないきみたちへ
ドレッサーの上に飾る　写真もないきみたちへ
おとぎ話ではなく　現実の怪物を知っているきみたちへ

子どもたちのために祈ろう
週のはじめに　お小遣いを全部つかってしまうきみたちへ
汚れた服をベッドの下に押し込み　お風呂を使いっぱなしにするきみたちへ

行ってらっしゃいのキスを　嫌がるきみたちへ
教会やお寺ではもじもじするくせに　電話では大声のきみたちへ
泣き顔で　私たちを笑わせてくれるきみたちへ
笑顔で　私たちを泣かせるきみたちへ

そしてまた祈ろう
昼間に悪夢を見せられる　きみたちへ
何でも食べなければならない　きみたちへ
歯医者さんを知らない　きみたちへ
だれからも甘やかされない　きみたちへ
腹ペコで　泣きながら眠る　きみたちへ
息をして　歩いてはいても　この世に居場所のないきみたちへ

子どもたちのために祈り続けよう

抱っこされたくてしかたない　きみたちへ
そして　抱っこされる権利をもつ　きみたちへ
私たちが絶対に見捨てないきみたちへ
二度目のチャンスをもらえないきみたちへ
闇へ葬られようとしているきみたちへ
だれかが温かい手を差し伸べてくれたら
ぎゅっとつかんで離そうとしない　きみたちへ

When have I experienced good listening?

5

きちんと耳を傾けたのはいつですか？

ジンバブエのショナ族のあいさつ

Marara《マララ》 here《ヘレ》?
よく眠れましたか？（お元気ですか？）

Ndarara《ダララ》 kana《カナ》 mararawo《マララオ》.
あなたがよく眠れたなら、私もよく眠れました。
（私は元気です。あなたは？）

Ndarara《ダララ》.
私もよく眠れました。（私も元気です）

Makadii《マカディ》?
お元気ですか？

Ndiripo《ディリポ》 makadiwo《マカディオ》.
あなたがここにいるなら、私もここにいます。
（あなたが元気なら、私も元気です）

Ndiripo《ディリポ》.
私はここにいます。（私は元気です）

きちんと耳を傾けたのはいつですか？

人間にできる一番簡単な行動には、一番大きな癒しの力が秘められています。その行動とはだれかの言葉に耳を傾けることです。ひたすら聞くこと、助言を与えたり励ましたりするのではなく、ただ黙って相手の言葉を受け止めることです。

どんなに辛い目に遭っても、だれかにその経験を聞いてもらえると、気持ちがラクになるものです。私は、きちんと耳を傾けてもらえた話し手が癒されていくのを何度も目にしてきました。あなたにもそんな経験はないでしょうか？　たとえば、友だちの打ち明け話があまりにも痛々しくて言葉を失ったとしましょう。何を言ってあげればいいかわからず、ただそばに座って、ひと言も発せずにじっと耳を傾けているしかありません。そうやって心を込めて沈黙し、耳を傾けていたら、どうなったでしょうか。

私の友人たちは、南アフリカの若い黒人女性から、耳を傾けるという行為がもつ、癒しの力を教わったそうです。

舞台となったのはさまざまな国から集まった女性たちがつくるサークルでした。そこでは参加者がそれぞれ自分の経験を語ることになっていたのですが、やがてその黒人女性の番になりました。彼女は故郷の村で祖父母が殺害されたときの恐怖の体験を静かに語りはじめたそうです。サークルの参加者の多くは西洋人でした。悲惨な体験談を耳にした彼女たちは、本能的に助けてあげたいと思ったようです。若くしてそれほどの大きな悲劇に見舞われた女性を、どうにか元気づけられないものか、心の苦しみを取り除いてやれないものかと思ったのです。そんな心づかいは女性にも伝わりましたが、それは同時に重苦しくもありました。そして、助けてあげよう、という意気込みを押し返すかのように両手を上げてこう言いました。

「私は助けてほしいわけではないのです。ただ、話を聞いて頂ければいいのです」

彼女は、話を聞くだけで十分に相手の力になれることを、多くの参加者に教えました。自分の話を披露する機会があり、そこに聞いてくれる人がいるなら、人間はどうにか癒されるものなのです。

南アフリカの真実和解委員会の聴聞会でも、アパルトヘイト時代に受けた残虐な仕打ちを証言した人びとの多くが、そうやって語ること自体が癒しになると言いました。大勢の人間が自分の話に耳を傾けてくれているとわかったからです。

たとえば、至近距離から警官に顔を撃たれ、失明した若者のこんな言葉があります。「自分の体験を話すことで、やっと視力を取り戻せたような気がしています。長いあいだ、ずっともやもやしていたのは、話したくても話す機会がなかったからです。でも今日こうして話を聞いてもらっていると、また目が見えるような気分になりました」

なぜ、話を聞いてもらえることで人はこんなにも癒されるのでしょうか？完璧な答えはわかりません。けれども、人が人に耳を傾ければ、そこに絆が生まれるという事実と無関係ではないはずです。科学で証明されているとおり、この宇宙にはほかと隔絶して存在できるものは何一つありません。万物はほかとの関係の上に成り立っています。素粒子はエネルギーを分け合い、生態系は食物を分け合っています。網の目のような生命のシステムのなかで、単独で生きていけるものは一つもありません。

私たち人間のあるべき自然な姿とは、寄り添うことです。いま、互いの距離をどんどん広げているのは確かですが、つながりたいという気持ちを失ったわけではありません。だれもが語るべき話をもち、人とつながるために自分の話を打ち明けたいと思っています。耳を傾けてくれる人が現れなければ、独り言を言っているうちに、しまいには気がおかしくなってしまうかもしれません。「health（健康）」という言葉は「whole（一体であること）」と同じ語源をもちます。私たちは一つにならなければ、健やかにはなれないのです。そして、その「whole」は「holy（神聖）」と同じルーツをもつ言葉でもあるのです。

耳を傾ければ互いの距離は縮まり、私たちは一体感を取り戻し、より健康で気高い存在へと成長できるでしょう。しかし耳を傾けなければ、バラバラのままで苦しみは増すばかりです。世界には、「話を聞いてもらえない」と訴える十代の若者がなんと多いことでしょう。無視され、軽くあしらわれていると感じた若者たちが、苦し紛れに寄り集まっては自分たちだけのサブカルチャーをつくり出しています。

私は二人の偉大な教師が同じことを言うのを聞きました。一人は西アフリカのブルキナファソのマリドマ・ソメ、もう一人はアメリカのパーカー・パーマーです。「年配者が若者を避けながら道を渡るようになったら、その社会には問題がある」。人が人と出会おうともせず、耳を傾けようともしなくなったら、健全な文化をつくり出すことはできません。しかし向かい合って相手の言葉に耳を傾ければ、再びこの世界を一つの神聖なものに織り上げることができるのです。

現代はとても騒がしい時代です。その騒がしさは、自分の話を聞いてもらいたくて仕方がない、という思いからきているように思えてなりません。公共の場でもメディアでも、報われるのは一番大きな声を上げる一番とっぴな人間です。自分の話を聞いてもらいたくて、文字どおりわめき散らし、注目を集めるためなら何でもしようという勢いです。互いに耳を傾けるにはどうすればいいかを考えていかない限り、この騒がしさはひどくなる一方でしょう。私たちの多くが、もっと穏やかな世のなかを求めているのなら、まずは耳を傾けようという姿勢を見せ、平穏を取り戻す努力に貢献してはどうでしょうか。

これはある女性教師から聞いた話です。

一六歳の教え子の少年がある日突然、怒りを露わに、暴言を吐きながら向かってきたのだそうです。彼女はすぐに警察を呼ぶこともできたでしょう。教師にはそのような乱暴な振る舞いから守られる法的権利があります。でも、彼女はそうする代わりに腰を下ろし、その生徒に何があったのか話すように促したのでした。少年はなかなか落ち着かず、ひどい興奮状態で部屋をぐるぐる歩き回っていましたが、ようやく教師の前へやってくると、自分の身に起きていることを話しはじめたそうです。その話を彼女はただ黙って聞いていました。長いあいだ、少年はだれにも耳を傾けてもらえなかったのです。彼はそうやって静かに話を聞いてもらえただけで、自分自身を見つめ、自分の声を聞く余裕を取り戻すことができました。教師は何も助言しませんでした。

少年が経験していることは彼女の理解を超えていたのです。それに、理解する必要もありませんでした。話を聞いてもらえたことで、少年は自分を理解できるようになったからです。

私は、聖書のなかの「二人または三人が私の名によって集まるところには、私もそのなかにいるのである」という一節が大好きです。この言葉からは、耳を傾けるという行為に漂う神聖さが伝わってくるように思えるのです。新たな絆がつくられるときに生まれる健やかさ、一体感、そして清らかさを表してはいないでしょうか。また、ある会議で配られたTシャツにはこんな言葉が書かれていました。「身の上話を聞いた相手を憎むことはできない」。たとえ相手の話に感心できなくてもかまいません。それどころか、その人を好きになれなくてもかまわないのです。それでも耳を傾けていれば、そこには関係が生まれ、互いを隔てていた距離は必ず縮まることでしょう。

完璧になりたくて

マーガレット・ウィートリー

なんという長い年月
完璧を追い求めていたのだろう
　完全でありたいと願い
愛のためなら　どんな駆け引きも厭わなかった

なんという長い年月
行動に仮面をしていたのだろう
　完璧を追いかけているつもりが
本当は　追いかけられていたとは

そして
ついにやってきた
崩れ落ちるその日が
　ぶざまに
　ばったりと
　途方に暮れて
自分という肥沃な地面の上に

はだかのまま土だけをまとい
仮面もなく
駆け引きもなく
泥だらけの素顔を上げると
　そこに
　あなたがいた

立ちあがろうともがいてみる

体からもうもうと上がる土煙が
あなたの目を曇らせる
そのときすっと
差し伸べられたのだ
見えない視界のなかで
あなたの手が
わたしに

純粋で完璧な場所は
わたしたち一人ひとりのなかにある
手と手をつないだとき
そのありかが見つかる

6

考える時間をつくっていますか？

ちょっと座って　口をつぐんだらどう？
酔っぱらいのあなた、
そこは屋根の端っこですよ。

――ルミ

考える時間をつくっていますか？

人間という生き物は、ほかの種には見られないユニークな能力をもっています。たとえば、身の回りで何が起きていようと、一歩下がって現実をとらえ、疑問を投げかけ、別の可能性を頭に描くことができます。好奇心が旺盛なため、ものごとの「なぜ？」や「どうやって？」を知ろうとします。過去について考え、未来に思いを馳せたり、ありのままに甘んじているより、さらに満足のいくものをつくり出そうと努力したりもします。いまのところ、そんなことをする生き物は人間以外には存在しないでしょう。

ところが、あらゆるものごとが加速していくなかで、私たちはそうした人間ならではの素晴らしい能力を手放しかけています。いま、あなたは、一年前と同じくらい、考えるための時間をつくっているでしょうか？　最近、自分にとって重要な事柄についてじっくり考えたのはいつのことですか？　職場では、自分の仕事について考える時間を多少なりともつくっているでしょうか？

同僚や仕事仲間とともに考える時間や、自分が学んでいることを振り返る時間を進んで見つけようとしていますか?

ちょっとでも立ち止まり、スピードと引き換えに大切なものを失っていることに気づけたなら、とても、そんな無謀な取引を続けてはいられないでしょう。何しろ、人間をまさに人間らしくしているものを自ら放棄しているのですから。せっかちな生き方の先に明るい未来は待ち受けていません。だから、個人の生活であれ、地域社会であれ、広い世界であれ、だれもが自分の失いかけているものに気づき、ゆっくり歩む勇気をもてるようになってほしい、私はそう思うのです。

とはいえ、考える時間はだれかが与えてくれるものではありません。自分でつくり出さなければならないのです。

思考は賢明な行動の出発点となります。じっくり時間をかければ、ものごとをよく見きわめてその特徴をつかむことができ、原因を突き止め、それがどんなふうに自分やほかの人びとに影響を与えているかに気づけるでしょう。

パウロ・フレイレは、暴力によらない革命的アプローチとして、批判的に思考することの大切さを説きました。貧しい人びとに、自らの生活について、そして自分たちを困窮させているしくみについて考えるすべを教えたのです。疲労困憊し、生きていくだけで精一杯の人びとが、考える力を獲得できるとはだれも思っていませんでした。ところが、思考が自分や愛する者の生活を救うことを知ったとき、その力を自分のものにするのはたやすいのです。

多くの人はそこまでせっぱつまった暮らしをしていないので、自分が真に人間らしく生きる可能性を失いかけていることに気づかないかもしれません。あなたは大切な何かを失くしていないでしょうか？　それを確かめるために、こんなふうに自分に問いかけてみてください。

「愛する人たちとの関係はよくなっているか、それとも悪くなっているか」
「世界に対して前よりも関心をもっているか、失っているか」
「二、三年前に比べて、仕事に対する気持ちは強くなったか、弱くなったか」
「数年前とは違うことに腹を立てるようになっていないか」

「自分のどのような行動を評価し、どのような行動を嫌だと思っているか」
「自分は前よりも安らいでいるか、それともストレスを感じているか」

こうした問いかけから、何かしら変えたいと思う事柄が見つかるとすれば、そのことについてじっくり考えてみるべきです。ただし、だれかがその時間を与えてくれるとは思わないでください。時間は自分でつくらなければなりません。

考える時間がよそから与えられないわけは、思考が体制にとって常に危険を孕んでいることにあります。いまのシステムに満足している人たちは新しい考えに興味などありません。それどころか、思考する力は彼らにとって脅威にすらなり得ます。考えることをはじめた人間は何かを変えたくなるでしょう。それは現状を揺さぶることにほかならないのです。だから、いままで得をしている一握りの人びとが、だれかに考える時間を与えるわけがありません。したがって何かを変えたければ、そのための時間は自分で取り戻さなければならないのです。

思考することは行動しないことではありません。考えていくうちに現状に気づいた人は、「では、よりよく生きるためにはどうすればいいか」とアイデアを求めて頭をひねるでしょう。そしてこれだ、と思う方法を見つけると行動に移ります。つまり重要な意味をもつアイデアであれば、思考と行動の距離はいっきに縮まり、人はためらうことなく動き出すのです。そうなると、ああでもないこうでもないとリスクについて悩んだり、だれかが実行プランを立ててくれるまで待っていたりはしません。ともかくやってみる、やってみてうまく行かなければ、違うアイデアを試すまでです。

これらは耳慣れない話かもしれません。

私たちの多くは、何もしようとしない政府や組織に慣れっこになっているのですから。アイデアがあってもなかなか行動に結びつかないのが官僚主義の常です。その原因は、だれもがそのアイデアなどどうでもいいと思っていることにあります。自分で考えたことではないし、実行したところで何も変わらないと思っているのです。信じていないものを、だれがわざわざ行動に移したりするでしょうか。ですが、それが自分で考え出したもので、しかも自分の生活をよくしてくれるかもしれない有望なアイデアとなれば、ためらわずに行動を開始するはずです。

何かについて深く考えるとき、決断力、勇気、ひらめき、無鉄砲さが同時に姿を現わします。才能あふれるシンガーソングライターのバーニス・ジョンソン・リーゴンは、公民権活動で仲間たちと大胆な行動に出たときの経験をこう語っています。

「いまこうしてあのときの行動を振り返ってみると、〈いったいどうしてあんなことができたのかしら?〉とも思います。でも私たちは死を恐れてはいませんでした。もちろん撃たれて死んでもおかしくはなかったでしょう。実際に人が亡くなったときには、涙に暮れたものです。でも、お葬式に参列した翌日には次の行動にとりかかりました。生死にかかわらず、それはやらなければならないことでした。何が何でも自分たちがやらなければならない、そういう確信があったのです。それが自分の使命であるのなら、生死を決めるのは別の存在にゆだねよう、そう思っていました」

私たちの大半は、日常的に生か死かという状況に置かれることはないでしょうが、それでも、もしかしたらゆっくりと死んでいるのかもしれません。自分の望まない方向へ変わっていくのを感じている、あるいは、世のなかの現実に悲しい思いをさせられているとすれば、そのことをじっくり考えてみるべきです。自分に何かできることはないか、そのためにはどこから手をつければいいか、考えてください。明晰な思考と勇気を育てる時間をつくり出してください。

いまとは違う世界がほしいなら、まずは考える時間を取り戻すところからはじめましょう。それをしない限り、何もよくなりはしません。

立ち止まって

パブロ・ネルーダ（チリの詩人）

ただ突き進むことだけに
こんなにも夢中な私たちが
一度でいい　何もせずにいられたなら
大いなる静寂が
悲しみを
断ちきってくれるのではないか
おのれを決して理解できず
おのれの命を危うくしているという悲しみを

What is the relationship I want with the earth?

7

地球とどう関わっていきたいですか？

二十世紀は
人間がいかに強大な存在であるかを知る物語だった。そして、
実際に大きくて強い存在であることがわかった。
二十一世紀は
私たちがいまより小さくなるための方法を見つけられるかどうかという
物語だ。意志の力を奮い立たせ、この星にふさわしいサイズになるまで
身を削る努力ができるかどうか、この物語の見どころはそこにある。

——ビル・マッキベン（アメリカの環境活動家）

地球とどう関わっていきたいですか?

人間以外の生き物は、私たち人類が抱えるような問題に直面していません。彼らは環境とともにあり、状況を見守り、変化に対応します。それとは対照的に人間は、夢を描き、計画を立て、何かが起きれば解決しようとします。意識をもつ私たちは、あらゆる生命をつかさどる自然の摂理に従うよりも、独自のルールをつくり出し、環境のほうを自分たちの目的に合わせようとします。

三世紀にわたって、西洋の科学が世界を支配するようになってからというもの、自然のプロセスは尊重されるよりも無視されてきました。人間はその意識ゆえに、地球とシンプルに手を取り合うことができずにいます。地球のよき隣人というよりも、神であるかのような振る舞いをしてきました。

いま、かつてない規模で生物種やその生息地、天然資源の破壊が進んでいることは、多くの科学的証拠が示すとおりです。多くの科学者は、現代を「六度目の大規模な絶滅の時代」と呼んでいます。地球は誕生から現在までの四〇〜五〇億年の歴史のなかで、生物の絶滅を五度も経験してきました。そうした破壊と再生のサイクルは自然の摂理ではありますが、現在、起きている破壊はそれとはまったく異なり、不自然以外の何ものでもありません。これは自然の摂理に従わない人間独自のルールが巻き起こしている事態なのです。

いっさいムダを生まない、という自然の原理（ある生物種の排泄物や死骸は必ず別の生物種の食物になります）をないがしろにし、人間は、ゴミが出ればどこかに溜めておけばいい、と考えました。そして、利用できる資源に見合うだけの節度ある成長を遂げる自然とは対照的に、成長すればするほどいいと思い込んだのです。

生命は本来循環するものであり、朽ち果てるからこそ生態系は健全に保たれています。ところが、人間は常に上へ上へと昇り続けられると考えました。休む必要もなければ、病気にかかることもなく、もしかすると死さえも免れるのでは、と勘違いしたのです。生命は狭い限られたシステムのなかで組織化します。小さいことこそが美しいのが自然のあるべき姿です。かたや人間は、得意になって、より大きく大きくとつくり上げてきました。その結果、都市にせよ組織にせよ、自分たちの手に負えないほど大きくなってしまったのです。

「最終的な審判を下すのは自然である」という生態学の原則があります。いま、まさにその審判が下されつつあるわけです。廃棄物などいくらでも溜めておける、という人間の思惑は外れました。そのことは汚染された大気や水が物語っています。好きなだけ成長を続けられる、という確信にしても、手に余るほど肥大化した組織や巨大都市に住む人びとの荒廃した生き様が示すとおり、正しいものではありませんでした。

生きたいように生きることを願い、いつか死さえも克服できるようにと科学一辺倒できたものの、感染症や未知の病の爆発的な広がりを見ればわかるとおり、私たち人間も万物の複雑なかかわり合いから逃れることができないのは明らかです。そして死は生の一部である、ということを思い知らされているのです。

いま、私たちは自然から日々、教えられています。

この地球にいる限り、自然の根本原理やプロセスと無関係に生きていくことは不可能なのです。自然が最後の決定権を握っていることに変わりはありません。しかし、その自然に逆らってきた人間のせいで、惨憺たる状況が生み出されてきたことは間違いありません。

世界的に著名な生物学者、E・O・ウィルソンは、人間と自然との関係をこんなふうにシンプルに表現しています。

「もし、全人類が地球上から消滅したとしたら、それ以外の生命は（ペットと観葉植物は別として）嬉々として栄えるだろう」

確かに、伐採された森林は自力で回復し、絶滅に瀕している種はゆっくりと数を増やしていくでしょう。「人間がいなくなってよかった」と、自然全体が安どのため息を洩らすかもしれません。これを人間以外の大きな種に置き換えてみれば、たとえばアリが絶滅したとしたら、その結果は「その他の種も次々と絶滅し、おそらく生態系の一部が崩壊する」ことになるでしょう。人間を除くどの種が失われたとしても、地球全体が苦しむことになるのは目に見えています。

私たちが自然へのアプローチに関して犯した大きな過ちの一つは、「競争すれば強くて健全なシステムをつくり出せる」という西洋的思想にあります。テレビには、動物たちが角を突き合わせて戦う様子や獲物を食いちぎる光景があふれています。確かに、どのような生物系にも食う者と食われる者が存在し、死と破壊はつきものです。しかし、個体であれ種全体であれ、競い合うことは生命のしくみとして主流ではありません。長い目で見たとき、生物系の中心になるのは協調関係です。生命力を強くし、能力を高めていくのは、協調や連携であって競争ではないのです。

情け容赦ない捕食者のその後が語られることは多くありません。しかし、その顛末こそが、私たちが知るべき物語でしょう。ある生態系に新種の捕食者が登場すると、その生物は本来の自分の取り分をはるかに超える量の資源を消費するようになります。そうした貪欲さは生態系のバランスを崩し、生息環境を壊された在来種は死んでいきます。ところが、ときとともに生態系は自ら修正をはじめます。貪欲な捕食者は、食物の供給源や生息地を失って死に絶えるか、さもなければ沈静化し、その地のルールを学んで食べる量を減らしていくかのどちらかです。いずれにせよ、在来種は再び栄えるようになるでしょう。健全な生態系では、常に多種多様な生物が網の目のような協調関係のなかで暮らしています。そこでは、それぞれの種が食物連鎖の特定の一部を食物とし、それ以外は、ほかの種のために残しておくのです。

今日、私たちの多くは、複雑な生命の網の目のなかで暮らしていることを忘れています。しかしながら、先住民族の多くは自然と正しくかかわるための知恵を守り、手本を示してきました。彼らの伝統的な教えに学べば、私たちは生態系という大きな家族の一員であるならば歓迎されるが、貪欲に消費する者としては歓迎されない、ということを思い出すでしょう。

さらに、現代人はどんな種も網の目全体にとって欠かせない存在であることを忘れてしまいました。単に恐ろしいとか煩わしいという理由から生物を殺し、網の目のどこにもほころびが生じないと思っています。一つの害虫種を退治したはずが、結局は肥沃な畑を不毛の大地に変え、鳥やカエル、土や大気や水のなかの何千種類もの生物を死に追いやっていたことに気づいて愕然とする、そんな振る舞いをいまだに続けています。害虫を殺すことは、豊かな大地に必要なすべての種を破壊することにほかなりません。

生物はこれからも訴え続けるでしょう。「人間が独自のルールをつくり上げることは許されない」のだと。この星を成り立たせていく方法は一つしかありません。そのことを人間に学ばせたくて、いままさに生物は猛然としっぺ返ししています。地球のいたるところで、気候が激変し、壊滅的な洪水被害、大地の砂漠化や不毛化、新たな疾病の発生やその大流行などが起きています。もうこれ以上、私たちはいままでと同じ自然とのかかわり方でうまくやっていける、というふりを続けることはできません。

人間はよき隣人となる道を学ばなければならないのです。私は、あらゆる生命の理想的なパートナーになる一番簡単な方法は、屋外へ出て自然のなかに身を置き、その教えに耳を傾けることだと信じています。とはいえ、私たちの半数はもはやそれができる状況にないことも確かです。世界の人口の半分は大都会で汚れた空気を吸いながら、星も見えない空の下で、安らぎや静けさとは無縁の生活を送っているのです。自然の息吹を肌で感じ、小川のせせらぎに耳を澄まし、木立の陰に身を寄せる、それができないとはなんと悲しいことでしょう。ただし、まだまだ自然を身近に感じられる人たちもいます。そういう人は戸外へ飛び出し、ほかの人たちの分まで生命の力強さと美しさを存分に味わうべきなのです。

自然を味わえない残り半分の人たちに代わって、横殴りの激しい雨や怒り狂った暴風を肌で受け、この地球で繰り返される破壊と再生を実感しなければなりません。朝日に輝く濡れた草原を眺め、沈んでいく夕陽を見守り、木陰に腰を下ろし、漆黒の闇のなかで星空を見上げる、そういうことをすべきなのです。そうすれば、もう一度、生物に対して恋に落ちずにはいられないはずです。生命を破壊するのではなく、維持していくことを真剣に考えるようにもなるでしょう。そうした努力は、大切なものを失いかけているのに気づかない、ほかの人びとを救うことにもなるはずです。

生命の進化の過程を「競争と死、生き残りをかけた闘争の場」であると解釈したチャールズ・ダーウィンでさえ、「草原が優しく微笑みかける」という不思議な感覚に襲われました。生命の戦いを書き記す一方で、自然界が平和に共存することを肌で感じていたダーウィンは、日記にこんな一節を残しています。「有機体同士がこの静謐の森や微笑みの草原で、恐ろしくも静かな戦いを繰り広げているとは、何とも信じがたいことだ」

屋外へ出て自然から学ぶ機会を増やしていけば、地球とのかかわり方をきっといまよりよくしていけるでしょう。神のように振る舞うのをやめ、自分も自然の一部であることを思い出すはずです。

イングランドのフィオナ・ミッチェルという二二歳の大学生は図らずも環境活動にかかわることになり、驚いたと言います。彼女が吐露するこんな心情も、私たちにはきっと理解できるようになるでしょう。

私だって、自分の生きたいように生き、やりたいことをやって人生を愉しめたらいいのに、と思う。地球が破壊されているからって、あれこれ言われるのは何だかうっとうしい。でもどうしても放っておけない。なぜなら、自分もこの星の一部だから。私だけではなくてだれもがそうだ。あらゆるものは一つにつながっている。そのことを理解していない人があまりにも多すぎると思う。私たちはどんなものも大切にしなければならない。すべてが合わさって、同じ一つのものをつくり上げているのだから。

恐れてはいけない
悲しみが
目の前に　立ちはだかり
見たこともないほど　大きくなろうとも
不安が
光や　雲影のように
きみの手の上を這い
きみのすることなすことに　つきまとおうとも
どうか気づいてほしい
いまきみに何かが　起きていることを
命はきみを忘れてはいない
その手できみを　しっかりとつかみ
落ちないようにしているのだ

——ライナー・マリア・リルケ

Letters to a Young Poet
(Rainer Maria Rilke)
Stephen Mitchell 訳からの重訳

What is my unique contribution to the whole?

8 みんなが一つになるために、何ができますか?

私たちが一人ひとり異なるのは
互いに何を必要としているかを知るためです。
なぜなら、結局、人間は独りで生きていけないからです。
何から何まで自分で満たすことができるとしたら
それはもう人間ではないでしょう。

——デズモンド・ツツ

もし神が、私たちにすべて同じであってほしいと願われたなら
そのようにお創りになられたであろう。

——コーランの言葉

みんなが一つになるために、何ができますか？

たいていの伝統文化には、生きることの辛さやこの世が苦しみに満ちている理由を描いた物語が伝えられています。しかも、どの物語にも描かれているのは、この世に登場したとたんにつながりを忘れてしまった人間の姿です。分裂し互いに距離を置くようになった人間たち。しかもそうした分裂は一人ひとりの内面でも生じました。人間は心と頭と精神のつながりを失ったのです。さまざまな物語は、私たちが、バラバラのかけらをつなぎ合わせて元のように一つにならない限り、癒しはもたらされないことを伝えています。

バラバラで離れ離れであるいまの状態に問題があるとして、一人ひとり異なる私たちが一体感を取り戻すことなど、はたして可能なのでしょうか？どこへ行っても私たちは違いを理由に溝を深めています。民族性、性差、強固なアイデンティティといったものを盾に反目し、たとえ争っていないときでさえも、ことあるごとにレッテルを貼り合い、互いを区別しようとします。

「自分はこういう者だ」というレッテルを貼り付け、相手のレッテルを知りたがるのです。「あなたは獅子座？　ＥＮＴＪ型？　Ａ型行動様式？　Ｙ理論型？」といった具合に。そして答えが返ってきたとたん、相手のことをわかったつもりになります。忙しさに拍車がかかり、ゆっくり言葉を交わす時間がますますもてなくなっているために、そうした簡便な分類に飛びついては、お互いをよく知りもせずにわかった気になっているのです。

しかし、そうした細分化されたアイデンティティは、単なる固定観念をはるかに超えた悲劇を生み出します。世界じゅうで自己防衛や攻撃のために、アイデンティティが利用されているではありませんか。いまやアイデンティティは武器になり、「よそ者」に対して組織的に憎悪をぶつけるための口実になっています。二十世紀と、今世紀に入ってからここまでのあいだ、人間は恐怖と憎しみからくる理不尽なテロ行為で互いを苦しめ合ってきました。まさに数々の創世神話が予言したとおり、分裂し断絶した私たちは人間性を失ってしまったのです。バラバラだと思っている限り、本当に人間らしく振る舞うことなど、できるわけがありません。

けれども、これから先も離れ離れの道を歩み、憎しみや争いを増やしていきたいと思う人間はいないでしょう。世界を散り散りの切れはしではなく、再び一枚の布地へと織り上げたいのなら、多様性や違いが何のためにあるのかを理解し直さなければなりません。自分だけが特別な存在だと思ったままで相手に接したところで、何になるでしょうか?

人間は一人ひとりユニークな存在であり、二人として同じ者はいない、よく人はそんな言葉を口にします。そう口にする反面、アイデンティティを手に入れるために、そのユニークな自分らしさを始終犠牲にしていないでしょうか? たとえば、私が自分を「白人で中年のアメリカ人女性で、イングランド人とドイツ人の家系に生まれた」と称したところで、それで私という人間の何が伝わるでしょう? そうした分類は自分のルーツや現在地の確認にはなるかもしれませんが、これまでどんな人生を経てきて、いま、私がどんな人間なのかを伝えるためにはとうてい不十分です。ほんのわずかな項目しかないカテゴリーのなかに自分を押し込めてしまえば、窮屈な思いをして失望するだけです。

アメリカの詩人A・R・ラモンズがそのことを見事に表現しています。

これが限界　このくらいと
枠をつくるのは
やめておけ
最初は
これっぽっちと思った
四角や三角
その箱に
今度は
命を吹き込み
とがった角を
整えろ
ほら　大きな可能性が見えてくる

けれども、自分という人間を完全に理解してほしいとか、ユニークな価値を認めてほしいという期待は一方的に成り立つものではありません。自分のもっているものを認めてもらいたければ、相手のことにも関心を示さなければなりません。つまり、こちらにも相手がどんな人間かを知ろうとし、その人のことを尊重する責任があるのです。他者のユニークさを歓迎しない限り、自分らしさを発揮することなど不可能です。

決めつけや固定観念から脱却し、一人の人間として関心をもって相手と向き合うとき、私たちは驚きを覚えます。その人を外見で判断していたら、実は内面は全然違っていてびっくりした、そんな経験はだれにでもあるのではないでしょうか。私も例外ではありません。ぶかぶかの作業着姿の人が自分と同じシェイクスピア愛好家とわかって驚いたこともありました。髪を派手なブルーに染め上げて体にピアスをした若者が子どもたちに非暴力を教える活動のことを語り出したときも、工場で働いている女性が自作の詩を披露してくれたときも、そして、貧しい村びとが小さなしかし塵一つ落ちていない自宅へ招いてくれたときも驚きました。しょっちゅうそんな経験をしているのであれば、さすがにもうレッテルを貼らなくなるだろう、とお思いでしょうか？　ところがいまだに私は驚かされているのです。いったい、いつになったらこうした決めつけから自由になり、ありのままを受け止められるようになるのでしょうか？

「禅ピースメーカー」（Zen Peacemaker Order）の共同創設者であるバーニー・グラスマンは、「人間の唯一の共通点はそれぞれが違っていることだ」と言います。そして、そのことを理解できれば、私たちは一体感を取り戻せるのだ、とも。ほかの人の話を聞いているうちに、あまりにも自分と違っていて驚かされたという経験は、だれにでもあるものです。たどってきた人生、もっている価値観や主張、どれをとっても自分とはまったく相容れないように思えてくるのです。ところが、最後まで聞いていると、その人との距離が縮まったと感じるのですから、不思議なものです。

バーニーから聞いたこんな話があります。それは、怒りと恐怖の歴史から、決して歩み寄れそうもない二人のあいだに起きたことでした。
当時バーニーは、グループを率いてアウシュヴィッツを訪れていました。かつて一五〇万もの人びとが殺されたと言われる元収容所を見学するためです。総勢一五〇人からなる見学者のなかには、憎み合っても仕方のない二人の人物がいました。一人は強制収容所の地獄を生き抜いてアメリカに渡ったユダヤ人を父にもつ男性、もう一人は、同じ収容所の司令官だったナチスドイツの軍人を父にもつ女性でした。

長い間、父親から収容所司令官の残虐非道ぶりを聞かされていた男性にとって、ほかでもないその男の娘とアウシュヴィッツで顔を合わせる、などというのは耐えがたい苦痛です。挨拶するのも話しかけるのも嫌だった彼は、しばらく押し黙っていました。ところが、いつしか女性との間に会話が生まれ、それぞれが聞かされてきたことを語り出すと、恥や罪悪感、そして多くを語ろうとしない姿勢といった、たくさんの共通点が見つかりました。怒りに支配されるかと思われた出会いが、理解と同情に満ちた強くて深い絆を生み、やがては揺るぎのない素晴らしい友情へと発展したのです。

こうした癒しが可能になるのは、私たち一人ひとりがどんなに違っていても、人間として似たような望みや感情をもっているからです。だれもが恐れや孤独、悲しみを感じ、だれもが幸福や生きがいを願っています。相手からどんなに変わった話を聞かされても、そこには、必ずこうした人間共通の思いが流れていることを知るでしょう。もちろん、細部や違いなどどうでもいい、とは言いません（「ああ、お気持ちはわかります」という言葉ほど、話の腰を折りやすいものはありません）。ですが、相手の話に黙って耳を傾け、自分とは違った人生を送ってきたことを受け入れてみると、足元には共通の土台が広がっていることにきっと気づくはずです。

表現の仕方はさまざまでも人間の思いは同じなのだということを、私自身も肌で感じてきました。たとえば、文化や伝統の違いを越えたこんな願いがあることに気づいたのです。

子どもに健やかに育ってほしい。自分の家庭やコミュニティが平穏無事であってほしい。苦しみを和らげてくれる変革がほしい。お金があってもなくても、だれかの役に立てる心の広い人間でいたい。有意義なものを学びたい。人生の意味を知りたい。いったいなぜ自分はほかでもないいまのような人生を送っているのか……。

こうした願望は人間共通とはいえ、その現れ方は千差万別であり、だからこそ、私たちは人生の多彩さを知るのです。ヒンドゥー教の聖典『リグ・ヴェーダ』には神・インドラの網というものが登場します。そこでは人間は個々に違った輝きをもつ宝石として描かれています。それぞれが異なる宝石でありながら、すべては同じインドラの網の上にちりばめられていて、自分の場所で光を放ち、互いを照らし合っています。逆説的なことに、その違いこそが、互いを見分けるために必要な唯一の光源になっているのです。それぞれが異なる輝きをもたない限り、一つの大きな網の上にちりばめられた者同士であるという事実は浮かび上がってこない、ということです。

インドラの網

聖典『リグ・ヴェーダ』より
ディーパック・チョプラ編

宇宙には果てしない網が広がっている……
糸と糸の結び目にはそれぞれ人間という
水晶の珠がついている
その一つひとつの珠が
ほかのいっさいの珠の光を受けて輝き
それと同時に
宇宙全体を輝かせているのだ

9

みんなのために働いたのはいつですか？

自分さえ助かれば、という人はいませんでした。
私たちは互いに助け合ったのです。

——二〇〇一年九月一一日・世界貿易センターの生存者

自分勝手に生きるには、人生は短すぎる。

みんなのために働いたのはいつですか？

もう何年も、私は爆撃、洪水、火事、爆発事故といった悲惨な状況で被害者の救出にかかわった人たちの話を聞いてきました。そのときの模様は常に深い悲しみとともに語られます。ところが、彼らの口調には必ず力強さや充実感もみなぎっています。恐怖を経験しながら前向きな感情をもつなんて、と不思議に思われるかもしれません。しかし彼らが体験したのは、人のために働くということ、だれかを助けるために全力を尽くすという行為でもあるのです。そうした経験には必ず深い満足感が伴います。

危機的状況では、ひたすら力を尽くすことが求められます。悩んだり躊躇したりする暇もなければ、しがみつくべきルールもありません。あるのは、何とかして助け出したいという気持ちだけです。その一心から、人は奇跡と呼ばれることをやってのけ、自分でも知らなかった能力に気づかされもします。大惨事特有の混乱と緊迫感に駆り立てられて、予定外のことであろうと初めてのことであろうと、ともかく試してみようという気持ちになるのです。ある人はそれをこんなふうに表現しています。

「リスクなんてなかった。既にどん底に落ちていたんだから。助け出すためには何でもするしかない。やってみてダメなら、そのときは別の方法を試すまでだ」

危機的状況の皮肉な真理を見事にとらえた言葉です。とりわけ、その惨事が人間の暴挙によってもたらされたものであればなおさらでしょう。この言葉は、愚かな一部の人間が生み出した事態のさなかでも、大多数の人びとは善良である、という事実を物語っています。善意と創造性は人間の普遍的な特性であり、大半の人間は自分が思う以上に広い心と大きな可能性を備えています。

ところが、日常生活ではそれが見えてきません。特に、その人が、行動するにも考えるにも、上からの言いつけに従わなければならない窮屈な環境に置かれ、常に無視され軽視され、ときには人間扱いもされずに働いているとすれば、なおのこと難しいでしょう。そうした働きかたや生きかたに慣れてしまうと、自分はもとより、ほかの人びとに関しても大きな能力を秘めた存在である、という事実を思い出せなくなるのです。しかしひとたび緊急事態が発生し、だれかが苦境に立たされると、人は、いままで背負ってきた役割をかなぐり捨て、退屈や疲れまでも忘れて力強く立ち上がります。官僚的機構や人間性軽視の環境で長いあいだ忘れかけていた能力が、惨事によって明るみに引っ張り出されるのです。

テレビの国際映像でなら大々的な救出劇を目にしてきたとしても、その種の現場に直接かかわった、という人は多くはないでしょう。とはいえ、日常のなかでも、他人と力を合わせたことで人間の可能性と善意を実感した経験はだれしもあるのではないでしょうか。チーム一丸となって取り組んだプロジェクト、近所同士の共同作業、あるいは予期せぬ出来事やちょっとした危機など、自分のためではなくほかの人のために尽くした経験です。

その経験はどんなふうに記憶に刻まれているでしょうか？　活動の目的は何でしたか？　何度も何度も挫折の危機にさらされながら、それを乗り越えたのではありませんか？　そのたびに、ほかのだれかや自分の機転に驚かされたのでは？　そして、当時を振り返ってみて、その経験をともにした人たちにどんな思いを抱いていますか？

みんなのためにカを合わせるとき、人と人のかかわり方に変化が生まれます。そこでは互いの違いや立場、従来からの力関係は問題になりません。肝心なのは目の前の目的を果たせるかどうかだけです。全神経が共同作業に向けられ、互いの立場などどうでもよくなります。そしてだれもが信頼の本質を学び、意志疎通を図ることの大切さを学ぶのです。

互いが最大限の力を引き出すために欠かせない条件とは、すなわち、「直面している問題に集中すること」「知恵を寄せ合い必要な解決方法を見つけ出すこと」「あらゆるリスクを引き受けること」「そして常によいコミュニケーションを取り合うこと」です。

こうした経験は、互いに対する見方を変えるきっかけとなり、だれもが、日頃の立場や活動の下に隠れていた相手の本質に目を向けるようになるでしょう。いつもなら仕事に追われるあまり知り合うこともない人と人が互いの存在に気づき、ふだんなら疲れ切って無関心な者同士が、相手に関心をもつようになるのです。

だれもがもち合わせている人間らしい善良さや能力は、危機的状況や大惨事が起きなければ見えてこないわけではありません。相手がどんな人間でどんな才能をもち、そしてどんな人生を送っているのかは、もっと穏やかでシンプルなやり方でも知ることができるのです。その一つが、膝を突き合わせて語り合ってみる、という方法です。

だれかのために力を合わせる、という行為は、私たちに人間の精神の偉大さを学ばせてくれます。そうした経験を一度でもすると、人間に対して希望がもてるようになるものです。ただし、そのことで手に入るのは希望だけではありません。活力も取り戻せるのです。

たとえば、地域社会の利益や奉仕事業に進んで協力しようという人びとの多くは、一日の仕事を終えて疲れたままで活動の場へ直行することでしょう。ところが数時間の有意義なボランティア活動を終えて家路につくころ、その足取りは軽やかになっています。大惨事の現場でも、人びとは不眠不休で救出活動に携わります。公益のために力を合わせるとき、エネルギーは奪われることがありません。それどころか、心を開き寛大な精神を発揮したことで、体じゅうに力がみなぎってくるのです。

そうやってみんなのために尽くしたとき、人は、忘れられない経験だったと語り、日々の仕事との違いを実感します。ふだんの仕事が「現実の世界」であるのに対して、活力と希望を与えてくれたその経験は、特殊で異質のものとして記憶に刻まれるのです。では、人間の善意や可能性を感じさせてくれる経験を、なぜ現実とは思えないのでしょうか？　退屈で非建設的な毎日を、なぜ現実と呼ぶのでしょう？　手を携えて取り組めば、変化を起こすことは可能だというのに、どうして、こんなにも期待を寄せなくなってしまったのでしょうか？

みんなのために協力しあった経験を特殊なことではなく、当たり前のことにしてみてはどうでしょうか？　そうすれば、相手に対する信頼を失っていくような働きかたや生きかたには甘んじていられなくなるはずです。互いの力を最大限に引き出せるような環境や条件を、自ら求めるようにもなるでしょう。うんざりするような「現実世界」を受け入れるのをやめ、再び人間に期待をもってください。そうすれば、何も危機的状況のさなかでなくとも、手を携えることの充実感や人の役に立つことの喜びを経験できるはずです。

そのときこそ、二六〇〇年前に中国の老子が「野の草の生い茂るがごとく」と表現したとおり、人間の善良さがあたりまえのものとして存在するようになるでしょう。

『道徳経』

老子（紀元前六〇〇年頃の中国の思想家）

指導者たらんとするならば
仕切ろうとしてはならない
頑なな計画や構想を手放せば
世のなかはおのずと治まるものだ

束縛を強めれば強めるほど
民は堕落するだろう
武器を増やせば
不安はいや増し
手当てを厚くすれば
自らの足で立つことを忘れる

それゆえ師は言う
決まりごとをなくせば
民はまっとうになり
勘定をやめれば
栄えるであろう
信仰の縛りをほどけば
穏やかな心を取り戻す
民のためによかれという
その欲望を　いっさい断ちきろう
しからば　よきことは
野の草の生い茂るがごとく
世の隅々にまで　行き渡るであろう

10

神聖な感覚を味わったのはいつですか?

平和ってなあに?
よくわかんないけど
大好き。

――アフガニスタン・六歳の子どもの言葉
二〇〇一年五月、難民キャンプにて

神聖な感覚を味わったのはいつですか?

私は「神聖さ」とは感覚として経験するものだと思っています。自分をオープンにし、あるがままを受け入れるときに湧きあがってくる感情です。特別な場所や儀式、特定の人びとの集まりが神聖なのではありません。もっと日常的なものだと思うのです。もちろん神聖さを感じさせてくれる場所や儀式はたくさん存在します。大勢の人がそういう場を求めて足を運びもします。私もその一人です。ただし儀式自体が神聖なのではありません。それはあくまでも神聖さを経験するために扉を開いてくれるものにすぎないのです。神聖なのは場所そのものではなく、そこにいる私たち人間という存在です。そのことに私たちは気づくべきではないでしょうか。

悲しいことに、多くの人は忘れてしまったのか、あるいはまったく気づいていないのか、神聖さを日常生活では味わえないものだと思っています。特別な空間、祭司やシャーマン、もっともらしい音や香り、そういうものが揃わなければ神聖さは味わえない、と思い込んでいるのです。それが伝統や文化の望む神聖さのありかたです。実際、そう思い込ませることで、長いあいだ、人間をコントロールすることに成功してきました。つまり神聖さとは特別な人やものを介さなければ実感できないもの、私たちがじかに味わうことのできないものだ、というのです。ふつうに生活していたのでは神聖さは体感できない、だれかが与えてくれるのを待つしかない、そう思っているうちは、自分が神聖な存在だと気づくことはまず不可能でしょう。自分の神聖さに気づかないままの人間は、支配され、自由を失うことを簡単に受け入れてしまいます。神聖さがふつうでは味わえない特別な感覚になったとたん、人間らしく生きることが難しくなるのです。

ですが、神聖さは特別なものではありません。この世の本質が立ち現れてくる瞬間はすべて神聖なのです。その本質とは一体であること、つまり、それぞれが唯一無二である存在をすべて包み込んでいる「インドラの網」そのものです。私にとっての神聖さとは、その一体感を味わう瞬間にほかなりません。自分がこの世の一員だということを考えるのではなく、実感することです。何の努力も要らず、自然と心が開かれて「私」という感覚が広がってゆく、すると、もはや狭い意識のなかに閉じ込められていた自分ではなくなり、孤独を覚えることも孤立することもない。いまここに存在していること、そして歓迎されていることを感じるのです。

こうして書きながら、ふと目を上げると、窓の外では虫をくわえた親鳥が盛んに飛び回っています。ヒナたちにせっせと餌を運んでいる様子を見ていると、自分の子どもたちのことが思い浮かび、ふいに、命を育む母親である、あらゆる生き物たちとのつながりを強く実感します。かいがいしく働く一羽の親鳥を目にした瞬間、この世とのつながりが深まり、それまでとは違う自分を感じるのです。目の前の小鳥、それを見ている私、そしてこの世のあらゆる生き物の母親たち、それぞれが世界に命を注ぎ込むために頑張っている。小鳥は小鳥の役目を、私は私の役目を果たしている――、そのことに気づいたとたん、おのずと心が開かれ、すべての存在がこの世を分かち合っているという真理が見えてきます。すると子育ての辛さではなく、母親であることの喜びに満たされるのです。

私にとって神聖さとは、「自分がこの世に属しているという感覚だ」と言いました。ほかの人にとってもそうだとすれば、いまの世のなか、どこを向いても一体感の喪失を嘆く人だらけなのも不思議ではありません。だれもが、バラバラの状態で生きることにくたびれています。それぞれが孤立し、自然から切り離され、神聖な瞬間を味わうことができずにいます。しかも自分には何が欠けているかもわかっています。それは真に人間らしい豊かな経験、決して表現し尽くすことのできない複雑な感情の機微です。「喜びに浸りながら、なぜか涙が止まらない。穏やかな気持ちなのに、ふつふつと勇気が湧いてくる。自分らしくもあるけれど、自分以上の何かになったような、そんな不思議な感覚」が足りないのだと。

あなたにとって神聖な経験とはどんなものですか？　いままでに神聖さを味わったことがあるとすれば、自分以外の何かとつながっているという感覚はありましたか？　自分が変わったような、大きくなったような感じはしなかったでしょうか？　それは、たとえば生まれたばかりの赤ちゃんをじっと見つめたときの感覚かもしれません。あるいは、静かな水辺に腰を下ろしたときや、見上げた視線の先でだれかが微笑んでいたとき、音楽や嵐の音に思わず耳を澄ましたとき、ハッとさせられるほど美しい何かに胸を打たれたときかもしれません。あなたなら、その神聖な感覚をどう表現するでしょうか？

神聖さとは一人ぼっちで味わえるものではありません。それは、互いにつながっているという感覚だからです。相手は人間でなくてもかまいません（私は小鳥とつながりを感じました）。何かの考えだったり気持ちだったり、物体や伝統とつながりを感じることもあるでしょう。そうしたつながりは自分という枠を飛び越え、私たちをもっと大きなものへと近づけてくれます。自分を超越したものとつながるからこそ、神聖な体験は、雄大で開かれた自由な感覚だった、と表現されることが多いのです。そんなとき、人は自分が思っていたより大きい存在だったことに気づくでしょう。

そして、そのとき、人生は恐れるべきものではないことにも気づくはずです。神聖な経験とは、すべてあるがままでいいのだと優しく肯定してくれる経験でもあります。そうした気づきを、人によっては身を任せるとも受容とも、あるいは恩寵とも呼ぶかもしれません。ほんの一瞬だけ鎧を脱いで、無防備な状態で生きていることを味わう。素のままの自分が穏やかな気持ちで満たされていく。そうした経験をあなたも人生で何度も味わってきたのではありませんか。私は、つかのまの平安を感じたときの記憶を、日頃から思い起こすようにしています。どんな状況に置かれようと、心の平和は手に入るということを忘れずにいられるからです。

目の回るような激変の時代に、私たちはつながりを求めています。心の安らぎを切望し、この混乱状態から何とか無傷で抜け出したいと思っています。そうやって、神聖な経験によってしか手に入らないものを追い求めていながら、その一方でときとして互いに背を向け、ここなら自分でコントロールできると思う環境のなかへ引きこもっています。あるいは、頭がぼうっとするような別の体験やドラッグやアルコールで、自分の気持ちを掻き消したりもします。しかし、殻に引きこもったり意識を曇らせたりしたところで、つながりや一体感、平安は見つかるものではありません。安らぎが見つかるのは、この狂おしいほどの欲望に満ちたちっぽけな自我を超えたところの、大きくて賢いものに属している、という感覚を味わったときだけです。自分がその一部であるという一体感こそが、生きていることそのものなのです。吹き荒れる嵐はコントロールできません。ですが、あらがうことをやめ、この世の一部として受け入れたとき、違った感覚が生まれてくるはずです。

先の見えない、それでいて驚きにあふれたこの時代に、神聖な経験は私たちが生き抜くのに必要なものを与えてくれるでしょう。だから、できるだけ神聖なひとときを見つけなければなりません。世界に向けて、互いの存在に向けて心を開けば、それはきっと見つかるはずです。出会いという神の恩寵に満ちた瞬間、私たちは万物の一部であることを実感し、何も心配は要らないのだ、ということを知るでしょう。

渓谷にて――ユタ州パウェル湖モキ渓谷で過ごした一週間

マーガレット・ウィートリー

朝は　カラスたちが
谷間に　夜明けを呼び込む

カアカアと　乾いた声が
赤い岩の谷間にこだまする
あれは夜中　子どもたちが
埋めておいたざわめきだろうか

夜は　月が　谷間から色を抜いていく
私の髪も　高度一万メートル　飛行機雲も
銀色の尾を　たなびかせる
ほうき星は　大慌てで一直線
地平線の丸みには　合わせられない

今朝は　トラックが行方不明
ボート牽引機の上で
カラスたちが　ひそひそ話
「カラスよ　お願い
私のトラックを見つけ出して」
当てにせず　通り過ぎたあと

振り向けば　そこにトラックが
カラスたちは　そそくさと飛び立っていく

今宵は　月の花嫁
私も　白いドレス
湖水が奏でる　ジャグバンドの
リズムに揺られ　いつしか空へ
私と　星たちのあいだに
時もなければ　隔たりもない
音楽に合わせて　体を揺らす
この渓谷の　同じ住人同士

11

変化を生み出すために何ができますか？

理解されるまで前進あるのみ！

——ダイアナ・ヴァンダー・ウード

変化を生み出すために何ができますか？

何年か前、世界の現状に絶望する人びとに向けた、ある仏教指導者の励ましの言葉に出会いました。彼の助言は実にシンプルで思慮深いものです。「これからは、私たちが世界に手を差し伸べる番だ」。私はこの言葉が大好きです。この言葉を聞くと、これまでさまざまな場面で一歩を踏み出し、必要な変化をもたらした人びとがいたことを思い出すからです。

私たちが生きているこの時代は、少なくとも二つの意味で特殊だと言えるでしょう。一つは、人間が地球の生態系に手を加えたせいで、恐るべき事態が起こりつつある、ということ。そして、もう一つは、この地球のどこで起きた悲劇や恐怖であっても、たちまちそのニュースは世界を駆け巡り、私たちのだれもが知らないふりをしていられない、ということです。

しかし、人類がどんなに大きな危機に瀕しようと、いつの時代にも、前向きな変化を起こそうと立ち上がった人びとがいました。その思いが見事に果たせた場合もあれば、失敗に終わった場合もあります。つまり、歴史を振り返れば、はるか昔から、私たちが学ぶべき実例は山ほどある、ということです。難しい時代と格闘しているいまだからこそ、私たちはそのことを思い出すべきでしょう。

異なる文化のさまざまな人たちと仕事をしてきた経験から、私はリーダーシップというものに対して、たいていの人とは違った定義づけをするようになりました。私は「手を差し伸べようという意欲をもつ人はだれでもリーダーだ」と思っています。つまり、変革を必要としている問題を見抜き、何とかしようという思いから率先して一歩を踏み出す人であれば、その人はもうリーダーなのです。たとえば、それは自分の子どもが通う学校が何かの問題を抱えていて、その解決に乗り出す保護者かもしれません。あるいは、村に安全な飲み水を引くために立ち上がる住民、職場での不当な扱いに戦いを挑む労働者、公害を食い止めるため住民運動を呼びかける市民などもそうでしょう。

世界じゅうどこへ行こうと、経済的、社会的立場に関係なく、身の回りに変化を起こそうと一歩を踏み出す人たちは必ず存在します。

手を差し伸べようという意欲があればだれもがリーダーになれるのだ、と考えれば、幸いなことに世界はその人材に恵まれています。世のなかには「最近はリーダーらしいリーダーを見かけない。いったいどこへ行ってしまったんだ？」と首をかしげる人たちもいます。リーダー不足を嘆いているのだとすれば、それは目を向けるべき方向が間違っているからです。たいていは社会の上層を見て言っているのでしょう。けれども視線は上ではなく、自分たちの周り、身近なところへ向けるべきです。そして自分自身もその一人に数えなければなりません。心配だったり気がかりだったりする問題について、自ら行動を起こしたのはいつだったか、手を差し伸べるために、そしてリーダーになるために一歩踏み出したのはいつだったか、と考えてみるべきなのです。

世界に変化をもたらすためのプロセスはとても単純なものです。まず変革が必要なものごとに気づくと、そのことが何度も目に留まるようになります。周囲には、問題があることすら知らない人ばかりなのに、あなたには気になって仕方がありません。そこで何とかしようと行動を開始するのです。うまくいかなければアプローチを切り替え、試行錯誤しながら学んでいくことでしょう。

やがて、そのことに長い時間、深くかかわるようになっていきます。一所懸命に打ち込んでいるとくたくたになりますが、それでもやめようとは思いません。自分が必要とされているのがわかるからです。ほんの少しでも成果が上がれば、それだけで新たな活力と意欲が湧いてくるでしょう。問題がよく見えるようになり、理解が深まるにつれて、知恵もつき、戦術や戦略にも磨きがかかります。たゆまず努力を続け、成果が上がるようになれば、ほかの人たちも加わってくるでしょう。ときには小さなグループのまま活動していく場合もありますが、何万、何百万という人びとを巻き込んだ大規模な運動へと発展することもあります。

そうやって世界はいつも変化を起こしてきました。大々的で有名な活動さえも、出発点は一握りの人びとの行動でした。まさに「最初、数人の友だちで話していたことが、いつの間にか……」大きなうねりとなり、そのなかには、ノーベル平和賞を受賞するまでになった活動さえあります。

二〇〇四年、ワンガリ・マータイ女史は、ケニヤと東アフリカで三〇〇〇万本の植林に成功したグリーンベルト運動でノーベル平和賞を受賞しました。ケニヤのナイロビ大学の生物学教授だったワンガリは、同国の女性たちとの会議に出席した際に、子どものころに豊かだった緑の大地が壊滅状態にあることを知りました。コーヒーや茶の栽培のために樹木がすっかり切り倒されていたのです。地元の女性たちは、たきぎを集めるために何キロも歩き回らなければならず、そのうえ水源はプランテーションの農薬や流出土砂で汚染されているというありさまでした。

この窮状を救う方法は、「木を植え、森を取り戻すこと」だと知っていたワンガリは、さっそく数人の女性たちとともに行動を開始します。ナイロビの大きな公園へ出向いて七本の木を植えたのです。ところが五本は枯れてしまいました（枯れなかった二本はいまも生き残っています）。最初の植林成功率は二八・五％という、だれもが気落ちしそうな低い数字でしたが、ワンガリたちはあきらめませんでした。経験から学んだ彼女たちはその知識を自分の村へもち帰ると、少しずつ成功率を上げていきました。すると、様子を見ていたほかの村々も木を植えるようになり、やがては大きな植林ネットワークができあがったのです。それから三〇年もしないうちに、二〇カ国六〇〇〇カ所のコミュニティで計三〇〇〇万本もの樹木が繁るまでになりました。いまではどの村もきれいな水と涼しい木陰に恵まれています。たきぎ集めにも苦労しません。住民たちは健康と活気あるコミュニティを取り戻しています。

最初に植えた五本の木が枯れたとき活動をあきらめていたら、どうなっていたでしょう？　その場を放棄して政府や国連に任せきりにしていたら？

それにしても、二本からはじめた植林活動を、どうすればたった二七年の間に三〇〇〇万本を植えるまでに成長させられるのでしょうか？

あのポーランドの「連帯」にしても、ほんの数週間のうちに数人の労働者から九〇〇万人の運動へと発展したのはなぜだったのでしょうか？　そうした飛躍的な前進は、人と人が互いにつながって生きているからこそ可能になるものです。問題が本当に意義深いものであれば、人びとは注目し、価値を認め、ほかの人にも話すようになるでしょう。「何とかしなければならない」という熱い思いが、ネットワークやコミュニティじゅうにまたたく間に広まり、それが突如として数百万人規模に達し、大々的な変化を引き起こすのです。しかもどんなに強大な変革も、ほんの一握りの人間が手を差し伸べようと決心するところからはじまります。

私たちはこうした変革のプロセスを当てにすべきです。こんなふうにしたいという思いがあるとき、悲惨な状況を経験したとき、不正をただしたいと思ったとき、一歩踏み出し、世界に手を差し伸べるべきなのです。目の前で起きていることにただ圧倒され尻込みしているのではなく、まず動き出しましょう。時間をかけて計画を練ったり、上のほうの指導者を巻き込んだりする必要はありません。公的なサポートを待たずに、ともかくはじめることが肝心です。もちろん、うまくいかない場合もあるかもしれません。しかし肩を落とさず、失敗から学べばいいのです。絶えず目を光らせ、どこかに突破口やチャンスがないか探してみてください。たとえそれが当初の予想とは違う方法であってもかまいません。敗北を受け入れたり計画にしがみついていたりするよりも、「これだ！」という前向きのエネルギーに従ってみるべきなのです。

そもそも、最初から結末がわかっていて行動を開始する人などいるでしょうか？　先は見えなくてもいいのです。ワンガリ・マータイも「活動家になったのは偶然」であって、ともかく正しいと感じたとおりに何本かの木を植えるところからはじめたと言います。まさか自分がそのことで投獄されたり、政府から意図的に評判を傷つけられたりするとは予想もしていませんでした。ましてや、ノーベル平和賞を受賞することになろうとは。ともかく最初の一歩を踏み出し、そこから一歩また一歩と前進していった――、彼女がやったのはそれだけです。

世界に変化が起きるときはそういうものです。

だからこそ、私たちは、自分たちにとって重要な意味をもつ問題に対して、一歩を踏み出さなければなりません。そうやって少しずつ歩みを重ねていかない限り、現在、私たちを脅かしている問題を解決し、未来に希望を取り戻すことはできないでしょう。

いままさに、私たちが世界に手を差し伸べる番が来ているのです。

シスター・ヘレン・ケリー

命を選択しなさい
どんなときも
どんなリスクがあろうとも　命だけを
ただ　時に身を任せ
命が流れ出そうが　すり減ろうが　かまわず
与えることも　使うことも　しないのは
何も選ばないのと　同じだからです

12

恐れを乗り越えられますか？

恐怖ほど安っぽい部屋はない
あなたにはもっと上等な部屋で暮らしてほしい

——ハーフィズ（一四世紀のイランの詩人）

恐れを乗り越えられますか？

歴史には恐怖を乗り越えた人びとの実話が数え切れないほど存在します。身内を何世代かさかのぼって考えただけでも、そういう人たちがいるのではないでしょうか？　たとえば、安全な故国を離れ大胆にも未知の国へ移住した人や、戦地へ赴き勇敢に戦ったつわもの、あるいは、貧困、戦争、迫害、搾取、圧政、混乱を生き抜いた家族。恐怖を乗り越えてきた歴史は、私たち一人ひとりのなかに連綿と受け継がれているはずです。

では、「恐怖を克服する」とはどういう意味でしょうか？　それは恐怖そのものが消えてなくなることではありません。恐れることは生きていることの一部だからです。偉大な教育者で作家のパーカー・パーマーはこう書いています。

恐怖は人間が生きる上できわめて根本的なものであり、だからこそ、その克服を目指して、あらゆる偉大な宗教が生まれてくる。宗教によって表現の違いはあるにせよ、核となるメッセージはいつも同じ、つまり「恐れるな」である。

私たちは、そうした宗教の教えが何を意味し、何を意味しないのかをしっかり理解しておく必要があります。「恐れるな」とは「恐れをもつな」ということではありません。そもそも恐れをもつな、と言われても無理な相談でしょう。「恐れるな」とは、恐怖をもっていてもそれと自分とが一体になる必要はない、というまったく別の教えなのです。

恐怖が人間であることの根本であるなら、ときには恐れを抱くことがあっても、いや、もしかするとしょっちゅうあっても、おかしくはないでしょう。ただし恐れが生じても、しくじったとか、自分はほかの人よりダメだ、と悩む必要はありません。何しろだれもが似たり寄ったりなのですから！　重要なのは恐怖とどう付き合うかです。殻にこもったり、何かで気を紛らわしたり、感覚を麻痺させたりするのか、それとも、恐怖を感じていると認めた上で、なおかつ前進することを選ぶのか。要するに、恐れない状態とは、恐怖に主導権を渡さないこと、恐怖に口をつぐまされたり、足を引っ張られたりしないことにほかなりません。

私の経験から言って、勇気をもつことと、恐れないことのあいだには決定的な違いがあるようです。勇気とはためらいもなく一瞬のうちに湧いてきて、心が開かれた瞬間にはもう行動している、そういうものだと思います。

たとえば、凍てつく湖に落ちた子どもを救うためにとっさに飛び込む人、会議で自分の主張を明らかにしたくてすっと手を挙げる人、だれかの命を救おうと我が身を危険にさらす人。そうした突然の行動は、たとえリスクを伴うことだとしても、曇りのない、ごく自然な愛から発生するものです。

一方、恐れないことも、その中心にあるのは愛です。しかし、とっさの行動よりもはるかに努力を要するものでもあります。恐れにとらわれたまま性急に行動に出るとすれば、逃げ出すか、攻撃するかのどちらかになるでしょう。本当に恐怖を克服することとは、賢明な行動をとることであり、虚勢を張ったりやみくもに反応したりすることではありません。だから、恐れないようになるには、じっくり考える時間と分別が必要になります。

禅師ジョアン・ハリファックスは、「否認しないことのすすめ」について語っています。否認しないとは、恐れを感じてもそれを否定せず、自分は恐れているのだ、と認めることです。ただし逃げ出したりはしません。そこにとどまり、果敢に恐れと対峙するのです。恐れのほうへ向きなおって、興味をもち、その原因や大きさを探ろうとします。どんどん近づいていって、しまいには仲良くなってしまうのです。すると恐怖のほうに変化が生じるでしょう。たいていの場合は退散していくはずです。

そうやって恐怖が去っていく不思議さを現す言葉が、さまざまな伝統文化に伝えられています。私もいくつもの表現に出会ってきました。たとえば、「逃げ出せないのなら、飛び込んでいけ」「出口はそこを突き抜けた向こう側にしかない」「悪魔の口に頭を突っ込めば、悪魔は見えなくなる」といった具合です。

恐怖を乗り越えることにかけて、私にとって一番のお手本を示してくれているのは、この数年ともに活動してきた若きリーダーたち（十代から三十代まで）の世界的ネットワークです。自分たちを「脱出組（walk-out：出て行く人）」と称する彼らは、世界のためにできる限り尽力したいと願い、それが許されない仕事やキャリアを捨てて「出て行く」人たちです。尊重されていないと感じる人間関係には別れを告げ、可能性を狭める考え方には背を向けます。自分をちっぽけな価値のないものと思わせるような状況があれば、そこから脱出します。ただし、それは姿を消すためではありません。歩みつづけるために出て行くのです。本当に貢献できる環境、尊敬し合える関係、強みを生かせる発想、自分の可能性を発揮できる仕事へと向かっていくのです。

私は、そんな彼らから定期的に自分に問いかけることの大切さを学びました。「いまの自分には脱出したほうがいいことはないだろうか？」

これはなかなか難しい質問です。問いかけること自体がかなりの勇気を要します。ですが、問いかければ自分のなかの恐れに気づき、その正体を見極めるくらいの勇気は湧いてきます。そして、どのような生き方をすれば、恐怖を乗り越えたと言えるのかがわかるようにもなります。自分がどんな能力をもっているかを知り、それを生かすためには、いまいる場所を脱して、どのような環境、仕事、人間関係を求めていくべきか、それを発見する手助けをしてくれる重要な質問です。

もっと多くの人が「（恐怖を）否認しないこと」を積極的に実践し、個人の生活や社会のなかで脅威に感じていることを明確に見つめられるようになれば、どれほど可能性が広がることでしょう。

私はその光景を思い描くようにしています。私に限らず、だれもがビジョンをはっきり描けるようになれば、恐怖を乗り越え、心を乱す原因に「ノー」と言えるようになるはずです。そしてしっかりとした足取りで歩み続けることができるようになるでしょう。もう、おびえたり、口をつぐまされたりはしません。だれかの承認や支援を当てにして待ち続けることもないでしょう。疲労や無力感に立ち尽くしたりもしません。「イエス！」という前向きのエネルギーを信じて、問題解決のために動き出すはずです。

恐怖を乗り越えた先には大きな恵みが待っています。

困難をものともせず耐え抜く力が手に入るのです。二〇〇四年の終わり、ウクライナの人びとは、大統領選挙に当選したはずのヴィクトル・ユシュチェンコが落選するという不正な結果に抗議の声を上げました。オレンジ色のマフラーや旗を使った彼らの活動は、やがて「オレンジ革命」と呼ばれるようになりました。その戦術はシンプルそのもの――街へ繰り出し、再選挙が認められるまで路上に居座ること、決して圧力に屈せず、目標を達成するまでは断固として抗議を続けることでした。そうした街頭デモによる不屈の抗議活動は、その後、世界各地（遠くはエクアドルやネパールまで）の市民たちを勇気づけ、同様の運動を起こすきっかけとなりました。

悩み多きこの世界に暮らす私たちに、いま、必要なのは、恐怖を乗り越えた先にあるあらゆる恵み――愛、洞察力、勇気、賢明な行動、不屈の精神です。恐れと向き合えば、恐れを突破することも可能になります。真に人間らしく生きるという使命を取り戻すことも、教育学者パウロ・フレイレが夢見た「もっと簡単に愛し合える世界」を実現することもできるのです。

ウクライナ人になりたい

マーガレット・ウィートリー

時が満ち
十代を乗り超え
人生を真剣に考えはじめる
大人になったなら

私は　ウクライナ人になりたい

時が満ち
寒風のなか　嬉々として
自分が必要とするもののために
何日だろうと　立ちつくす
そんな覚悟ができたなら

声を上げよう
大きく　はっきりと
凍てつく霧を裂いて
私はここにいると

運動がはじまって一五日目、抗議のために立ち続けた女性が、自分の車の横で取材を受けていた。車のてっぺんには雄鶏が乗っている。「私たちは目覚めたのです。腐った政府が出ていくまではテコでもここを動きません」。そのとき雄鶏が勝鬨《かちどき》を上げたかどうかは録音されていない。

子ども時代を終えて
もう　不満や言い訳を口にしなくなったら
だれかのせいにするのをやめて
自分で責任を取るようになったら

その日こそ　自分は　ウクライナ人と言えるだろう

ユシュチェンコの支持者たちは、か細い棒きれの先に鮮やかなオレンジ色の旗を掲げ、懸命に振り続けた。抗議行動がはじまってまもなく、政府側は現場にゴロツキどもを送り込んだ。暴力沙汰を起こさせようともくろんだのだ。連中も旗をもっていたが、それは凶器にもなる太い棍棒にくくりつけられていた。

人生を真剣に考えはじめ
現実から目をそらさずにいられたなら
そして　自ら動かない限り
未来は変わらないと気づいたなら
そのとき　私は　ウクライナ人になるだろう

詩人ウェンデル・ベリーは言う。「不屈の抗議行動は、人前で大々的に成功することを狙って起こされるのではない。むしろ、はるかに控えめな希望に突き動かされている。つまり、そのまま声を上げず黙認していたのではどうにかなってしまいそうだから、自分自身の心と精神を健やかに保ちたくてすることなのだ」

成長し　ウクライナ人と認められたら
自信をもって　街へ繰り出そう
自分の心と精神を健やかに保つため
喜んで　戦い抜こう

大人になったら　あなたに教えてあげよう
黙認することの損失を

沈黙することの代償を
逃避することの危険性を

劇作家ヴァーツラフ・ハヴェル（チェコ共和国元大統領）は言う。
「希望とは、何かが好転するに違いないという信念ではなく、好転しようがしまいが、その結果には意味がある、という確信である」

私が学んだすべてを　教えてあげよう
恐れを乗り越えた先にある強さを
信じることの安らぎを
どこからともなく湧いてくる勇気を

その日　私は胸を張って死んでいける
ウクライナ人のように　よくぞ人生を生きたのだと

愛を示していますか？

この世のあらゆる痛みを包み込めるほど大きいもの、それは愛だけです。
――シャロン・ザルツバーグ（アメリカの仏教指導者）

まもなくこの本を読み終えようとしているいま、既にあなたもだれかと少し対話をはじめているのではありませんか？　そうだとすれば、それは愛を示す行為にほかなりません。

人間らしく生きられるようにだれかを手助けすること、そういう行為はすべて「愛の意思表示」だと思っています。つまり、それは相手と向き合おうとする努力です。自分の殻を脱ぎ、心を開いて、耳を傾ける。辛抱強く、好奇心をもち、それでいて静かに、熱心に。

この本の最初のほうで「人間らしく生きる使命」について私の考えをお話ししました。自分の殻に閉じこもっていないで、人と向き合い、寛大な心を発揮すれば、私たちはもっと人間らしく生きられる、そう私は感じています。

そしてそれを可能にしてくれるのが対話です。そのためには自分の垣根を取り払い、頭と心をいまより少しオープンにする必要があります。相手と向き合って、どんな暮らしや人生を送っているのか興味をもってみなければなりません。既に語り合いをはじめているとすれば、あなたもそれを実感しているのではないでしょうか。

語り合いにはリスクが伴います。垣根を取り払って心を開くのは、なかなか難しいことです。相手を恐れていたり、避けたいと思っていたりする場合はなおさらでしょう。ですが、恐怖を乗り越え、話しかけてみようという気持ちをもったら、それだけで愛を示すことになるのです。不思議に思うかもしれませんが、何を話すかはあまり問題ではありません。互いを隔ててきた沈黙を破ることに意味があるのです。

私がそのことを学んだのは、禅僧バーニー・グラスマンが二人のホームレス男性の出会いについて話してくれたときです。

一人は「モグラ人間」と呼ばれる、ニューヨーク市の地下街から決して地上に出てこない何千人ものホームレスの一人です。そしてもう一人は公園をねぐらにしている人でした。他人と接することなくひっそりと暮らしているその二人があるとき言葉を交わしはじめたのです。バーニーがその様子をうれしそうに語っていると、一人の女性が、「二人の話に意味などあるのでしょうか」と疑問を投げかけました。どちらも嘘ばかりついているようにしか聞こえない、と言うのです。バーニーはすぐにこう答えました。「話の中身はどうでもいいのです。語り合っていることに意味があるのですから」

考えてみれば、人と接することに臆病になっている者同士が言葉を交わすには相当の勇気が必要だったでしょう。辛く孤独な環境から、とりあえずはじめの一歩を踏み出してみる。それだけでも、彼らにとっては相当に大胆な行動だったはずです。そのことを知っていたバーニーは、二人の話がたとえ嘘でもかまわないと思ったのです（そうやって言葉を交わすうちに少しずつ本音が出てくるものだということも、経験上わかっていました）。

パウロ・フレイレは、愛は「恐怖ではなく勇気から生まれる行為だ」と言っています。恐れていた相手に歩み寄る勇気を見出せたなら、それはもう愛の現れなのです。

思い切って言葉を交わすだけの勇気をもてたとき、人間らしさの意味を再発見するチャンス到来です。対話には人間ならではの素晴らしい行動が伴います。対話をしながら、私たちは考え、笑い、泣き、自分の人生を語るでしょう。すると、互いの存在が見えてきて、ものごとを深く新たに理解するようになります。語り続けていけば、身の回りに変化を起こしたいと思っている自分に気づくかもしれません。ものごとを変えるために自分に何ができるかに関心をもつようになるでしょう。言葉を交わすことで目を覚ました私たちは、不当な扱いに甘んじていられなくなり、自分が置かれた状況を変えようと働きかける人間になるのです。

対話はそうした真に人間らしい能力や経験を取り戻す助けをしてくれるのです。それが「愛の意思表示をする」ということです。

奇妙に聞こえるかもしれませんが、対話は自由の実践でもあります。ともに考え、ものごとに疑問をもち、変化を起こそうと行動を起こす、そうやって自由になるという生来の権利を行使しているのです。フレイレは、本物の愛に裏打ちされた行為からは「自由をもたらす行為も生まれる。そうでなければ愛とは言えない」と述べています。自由と愛は切り離すことができません。私たちの行動が自分自身やほかの人に自由をもたらすなら、それもまた愛を示すことなのです。

対話は、対等な者同士のあいだでこそ成立するものです。だれか一人でも自分のほうが上だと感じていれば、対話は台無しになるでしょう。相手を牛耳ろう、説き伏せて巧みに操作しようという心が言葉に現れるからです。優越感から行動する人間は、自分の主義主張や計画を押し通すために相手をものように扱います。そうした接し方をやめられるようになるのは、互いに対等な立場であると認められたときだけです。人間であるなら、上も下もありません。相手を自分と対等に尊重すること、それが「愛の意思表示」なのです。

では、人間らしく生きる権利を主張すると何が起きるでしょうか？　その答えは、だれもが得をする、ということです。優越感に溺れ、私たちをさげすみ、バカにしている人間でさえも、こちらが真に人間らしく生きることをはじめれば恩恵にあずかれるのです。

なぜなら、私たちが屈辱的な扱いや行為に甘んじているのをやめれば、権力者は圧力をかける対象を失うからです。いままでどおりのやり方を続けたくとも、こちらがそれを許しません。断固として受け付けなければ、彼らは新たな、より人間らしい生き方を探らざるを得なくなるでしょう。向こうは変わりたがらないかもしれません。それでも、私たちが自分のために立ち上がることは、彼らにとっても、より人間らしく生きるきっかけになるのです。自分を大切にする勇気は、自分以外の存在にも人間性を取り戻すチャンスを与えるわけです。

人間らしく生きる使命を果たそうと努めれば、それがほかのすべての人間を愛することになるとは！　これ以上の愛の意思表示はありません。

『本当の遺産』より

ティク・ナット・ハン（ベトナムの禅僧）

お互いに幸せを与え合い
いまこの時をしっかり生きよ
悲しみを手放し
人生を強く抱きしめよ

「対話」がはじまるとき

問題意識をもちはじめたコミュニティほど力強いものはない。

「何がいけないのか？」ではなく「何ができるか？」と問い続けよう。

心を曇らせている問題に目を向けよう。

自分は一人ではなく、同じ夢を抱いている人は大勢いるのだと信じよう。

気がかりな問題があるなら、思い切って語り合おう。

知っている人に話し、

知らない人にも話し、

そして、口をきこうとも思わなかった人にも声をかけてみよう。

違いに興味をもとう。
驚きを楽しもう。
確信よりも好奇心を大切にしよう。

可能性を実現するために行動したい、という人はだれでも歓迎しよう。
だれもが何かしら役立つ知識や経験をもっている。
突破口は常に新しい人間関係から見つかる。

覚えておこう。身の上話を聞いた相手を恐れることはできないということ。
親身になって耳を傾ければ、その人との距離は必ず縮まるということ。

本物の語り合いによって世界は変えられると信じよう。

人間の善良さを信頼し、再び寄り添おう。

メキシコのアステカ族に伝わる話

これは、おじいさん、おばあさんから聞いた話。

昔むかし、地球をすっぽり覆う森のなかで大きな山火事があったそうだ。焼け死んではたいへんと、人も動物もいっせいに逃げ出した。

私たちのきょうだい、フクロウの〝テコロトル〟も森を飛び立ったが、そのとき、小さな鳥が森と近くの川のあいだをさかんに行ったり来たりしているのに気づいた。

見れば、それは私たちのきょうだいのキヌバネドリ、〝ケツァール〟だった。川まで飛んでいき、数滴の水を口に含んでは森へ引き返すと、そのわずかばかりの水を燃えさかる炎に振りかけていたのだ。フクロウは近づいて大声で呼びかけた。「いったい何をしているんだ？　正気かい？　そんなことをしたって、何の役にも立ちはしないよ。いったいどうしようっていうんだ？　早く逃げなきゃ焼け死ぬぞ！」

ケツァールは一瞬、羽を休め、フクロウをまじまじと見つめると、こう言った。「自分にできることを精一杯やっているだけだよ」

おじいさん、おばあさんはいまも忘れない。

昔むかし、地球をすっぽり覆う森が山火事から救われたのは、小さなケツァールとフクロウと、たくさんの動物と人間たちが力をあわせたからだということを。

参考文献
reference

Ackerman, Peter, and Jack Duvall. *A Force More Powerful: A Century of Non-violent Conflict*. New York: Palgrave, 2000.

Americans for the Arts. *Civic Dialogue, Arts and Culture: Findings from Animating Democracy*. www.americansforthearts.org, 2005.

Ammons, A. R. *Tape for the Turn of the Year*. New York: Norton, 1965.

Arrien, Angeles. *The Four-Fold Way: Walking the Paths of the Warrior, Teacher, Healer and Visionary*. San Francisco: HarperSanFrancisco, 1993.

Atlee, Tom. *The Tao of Democracy: Using Cointelligence to Create a World That Works for All*. Cranston, RI: Writer's Collective, 2003.

Baldwin, Christina. *Calling the Circle: The First and Future Culture*. New York: Bantam Books, 1998.

—*The Seven Whispers: Listening to the Voice of Spirit*. Novato, CA: New World Library, 2002.

—*Storycatcher: Making Sense of Our Lives through the Power and Practice of Story*. Novato, CA: New World Library, 2005.

Bender, Sue. *Everyday Sacred: A Woman's Journey Home*. New York: HarperCollins, 1995.

Bernard, Ted, and Jora M. Young. *The Ecology of Hope: Communities Collaborate for Sustainability*. Gabriola Island, BC,Canada: New Society, 1996.

Block, Peter. *The Answer to How Is Yes: Acting on What Matters*. San Francisco: Berrett-Koehler, 2002.

—*Community: The Structure of Belonging*. San Francisco: Berrett-Koehler, 2008.

Boyes-Watson, Carolyn. *Peacemaking Circles and Urban Youth: Bringing Justice Home*. St. Paul, MN: Living Justice Press, 2008.

Boyte, Harry C. *The Citizen Solution: How You Can Make a Difference*. Minnesota Historical Society Press, 2008.

Brady, Mark. *The Wisdom of Listening*. Somerville, MA: Wisdom Publications, 2003.

アニータ・ブラウン、デイビッド・アイザックス、ワールド・カフェ・コミュニティ著『ワールド・カフェ——カフェ的会話が未来を創る』香取一昭、川口大輔訳、ヒューマンバリュー、2007年

ペマ・チョドロン（ペマ・チュードゥン）著『チベットの生きる魔法——苦しみも怒りも「喜び」に変えて心安らかに暮らす知恵』えのめ有実子訳、はまの出版、2002年

——*Practicing Peace in Times of War*. Boston: Shambhala, 2006.

——『すべてがうまくいかないとき——チベット密教からのアドバイス』ハーディング祥子訳、めるくまーる、2004年

Christakis with Kenneth C. Bausch. *Co-Laboratories of Democracy: How People Harness Their Collective Wisdom to Create the Future*. Charlotte, NC: Information Age, 2006.

Clifton, Lucille. *blessing the boats*. Rochester, NY: BOA Editions, 2000.

The Compact Edition of the Oxford English Dictionary. Volume I. Oxford: Oxford University Press, 1971.

Dorsey, Cheryl L., and Lara Galinsky. *Be Bold*. New York: Echoing Green, 2006.

Dressler, Larry. *Consensus through Conversation: How to Achieve High-Commitment Decisions*. San Francisco: Berrett-Koehler, 2006.

リーアン・アイスラー著『ゼロから考える経済学——未来のために考えておきたいこと』中小路佳代子訳、英治出版、2009年

Freire, Paulo. *Education for Critical Consciousness*. Myra B. Ramos, trans. New York: Continuum, 1973.

——*Pedagogy of the Oppressed*. New York: Herder & Herder, 1970.

Gastil, John, and Peter Levine, eds. *The Deliberative Democracy Handbook: Strategies for Effective Civic*

Engagement in the Twenty-first Century. San Francisco: Jossey-Bass, 2005.

マルコム・グラッドウェル著『急に売れ始めるにはワケがある——ネットワーク理論が明らかにする口コミの法則』高橋啓訳、ソフトバンククリエイティブ、2007年

Glassman, Bernie. *Bearing Witness: A Zen Master's Lessons in Making Peace*. New York: Bell Tower, 1998.

Hawken, Paul. *Blessed Unrest: How the Largest Social Movement in History Is Restoring Grace, Justice and Beauty to the World*. New York: Viking, 2008.

——*The Ecology of Commerce*. New York: HarperCollins, 1993.

Homer-Dixon, Thomas. *The Upside of Down: Catastrophe, Creativity and the Renewal of Civilization*. Washington, DC: Island, 2006.

アダム・カヘン著『手ごわい問題は、対話で解決する——アパルトヘイトを解決に導いたファシリテーターの物語』ヒューマンバリュー訳、ヒューマンバリュー、2008年

スティーヴン·R·ケラート、エドワード·O·ウィルソン著『バイオフィーリアをめぐって』荒木正純ほか訳、法政大学出版局、2009年

Kemmis, Daniel. *Community and the Politics of Place*. Norman: University of Oklahoma Press, 1992.

Kretzman, B., and J. McKnight. *Building Communities from the Inside Out: A Path towards Finding and Mobilizing a Community's Assets*. Chicago: ACTA, 1997.

Lappé, Frances Moore. *Democracy's Edge: Choosing to Save Our Country by Bringing Democracy to Life*. San Francisco: Jossey-Bass, 2006.

アービン・ラズロ著『マクロシフト——「見えざる手」の終わりと、サステナブルワールドの始まり』稲田香訳、文藝春秋、2002年

Leakey, Richard, and Roger Lewin. *The Sixth Extinction: Patterns of Life and the Future of Humankind*. New York: Anchor Books, 1997.

Loeb, Paul Rogat. *Soul of a Citizen: Living with Conviction in a Cynical Time*. New York: St. Martin's, 1999.

——*The Impossible Will Take a Little While: A Citizen's Guide to Hope in a Time of Fear*. New York: Basic Books, 2004.

Lusseyran, Jacques. *And There Was Light*. New York: Parabola Books, 1998.

ワンガリ・マータイ著『モッタイナイで地球は緑になる』福岡伸一訳、木楽舎、2005年

——『UNBOWEDへこたれない——ワンガリ・マータイ自伝』小池百合子訳、小学館、2007年

ジョアンナ・メイシー著『世界は恋人　世界はわたし』星川淳訳、筑摩書房、1993年

Macy, Joanna, and Molly Young Brown. *Coming Back to Life: Practices to Reconnect Our Lives, Our World*. Gabriola Island, BC, Canada: New Society, 1998.

McCaslin, Wanda D., ed. *Justice as Healing: Indigenous Ways*. St. Paul, MN: Living Justice Press, 2005.

ウィリアム・マクダナー、マイケル・ブラウンガート著『サステイナブルなものづくり——ゆりかごからゆりかごへ』岡山夏子ほか監修、山本聡ほか訳、人間と歴史社、2009年

ビル・マッキベン著『ディープエコノミー——生命を育む経済へ』大槻敦子訳、英治出版、2008年

McKnight, John. *The Careless Society: Community and Its Counterfeits*. New York: Basic Books, 1995.

McLaren, Peter. *Paulo Freire and Che Guavara, and the Pedagogy of Revolution*. Lanham, MD: Rowman & Littlefield, 2000.

Mehdi, Sharon. *The Great Silent Grandmother Gathering: A Story for Anyone Who Believes She Can't Save the World*. New York: Viking, 2005.

Milway, Katie Smith. *One Hen: How One Small Loan Made a Big Difference*. Toronto: Kids Can Press, 2008.

Mitchell, Steven. *Tao Te Ching*. New York: HarperPerennial, 1992.

Morley, Barry. *Beyond Consensus: Salvaging Sense of the Meeting*. Pamphlet 307. Wallingford, PA: Pendle Hill, 1993.

Moyers, Bill. *Moyers on Democracy*. New York: Doubleday, 2008.

Neruda, Pablo. *Extravagaria*. Alistair Reid, trans. New York: Noonday, 2001.

クレア・ニヴォラ著『その手に1本の苗木を――マータイさんのものがたり』柳田邦男訳、評論社、2009年

O'Donohue, John. *To Bless the Space between Us: A Book of Blessings*. New York: Doubleday, 2008.

Okri, Ben. *Mental Fight*. London: Phoenix Books, 1999.

——*The Courage to Teach*. San Francisco: Jossey-Bass, 1998.

Palmer, Parker. *Let Your Life Speak: Listening for the Voice of Vocation*. San Francisco: Jossey-Bass, 2000.

Plotkin, Bill. *Nature and the Human Soul: Cultivating Wholeness and Community in a Fragmented World*. Novato, CA: New World Library, 2007.

Pranis Kay. *The Little Book of Circle Processes: A New/Old Approach to Peacemaking*. Intercourse, PA: Good Books, 2005.

Pranis, Kay, Barry Stuart, and Mark Wedge. *Peacemaking Circles: From Crime to Community*. St. Paul, MN: Living Justice Press, 2003.

Rilke, Rainer Maria. *Letters to a Young Poet*. Stephen Mitchell, trans. New York: Vintage Books, 1986.

Salzberg, Sharon. *A Heart as Wide as the World*. Boston: Shambhala, 1997.

——*Lovingkindness: The Revolutionary Art of Happiness*. Boston: Shambhala, 1997.

Schaefer, Carol. *Grandmothers Counsel the World: Women Elders Offer Their Vision for Our Planet*. Boston: Trumpeter Books, 2006.

Schirch, Lisa, and David Campt. *The Little Book of Dialogue for Difficult Subjects: A Practical Hands-on Guide*. Intercourse, PA: Good Books, 2007.

E・F・シューマッハー著『スモールイズビューティフル――人間中心の経済学』小島慶三ほか訳、講談社、1986年

Seed, John, and Joanna Macy. *Thinking Like a Mountain: Towards a Council of All Being*. Novato, CA: New Catalyst Books, 2007.

ゲーリー・スナイダー著『対訳　亀の島』ナナオ・サカキ訳、山口書店、1991年

Steffen, Alex. *Worldchanging: A User's Guide for the 21st Century*. New York: Abrams, 2008.

Stuart, Barry, and Mark Wedge. *Peacemaking Circles: From Crime to Community*. St. Paul, MN: Living Justice Press, 2003.

Sutherland, Jessie. *Worldview Skills: Transforming Conflict from the Inside Out*. Calgary: Blitzprint, 2005.

Suzuki, David, and Holly Dressel. *From Naked Ape to Superspecies*. Toronto: Stoddart, 1999.

Thich Nhat Hanh. *call me by my true names: The Collected Poems of Thich Nhat Hahn*. Berkeley, CA: Parallax Press, 1999.

Turner, Chris. *The Geography of Hope: A Tour of the World We Need*. Toronto: Random House Canada, 2007.

デズモンド・ツツ著『ゴッド・ハズ・ア・ドリーム――希望のビジョンで今を生きる』和泉啓亮ほか訳、竹書房、2005年

——*No Future without Forgiveness*. London: Rider, 1999.

Walker, Brian, and David Salt. *Resilience Thinking: Sustaining Ecosystems and People in a Changing World*. Washington, DC: Island, 2006.

Watkins, Jane Magruder, and Bernard J. Mohr. *Appreciative Inquiry: Change at the Speed of Imagination*. San Francisco: Jossey-Bass/Pfeiffer, 2001.

ダイアナ・ホイットニー、アマンダ・トロステンブルーム著『ポジティブ・チェンジ――主体性と組織力を高めるAI』ヒューマンバリュー訳、ヒューマンバリュー、2006年

Whyte, David. *Fire in the Earth*. Langley, WA.: Many Rivers, 1999.

ムハマド・ユヌス著『貧困なき世界をめざす銀行家』（DVD）紀伊國屋書店、2008年

――『貧困のない世界を創る――ソーシャルビジネスと新しい資本主義』猪熊弘子訳、早川書房、2008年

Wilson, Diane. *An Unreasonable Woman: A True Story of Shrimpers, Politicos, Polluters, and the Fight for Seadrift, Texas*. White River Junction, VT: Chelsea Green, 2005.

ワールド・カフェ
The World Café

ワールド・カフェは、重要な問題について語り合うための画期的な、それでいてシンプルな方法です。参加グループ間の交流が進み、多様なアイデアが交換され、暮らしや職場やコミュニティにとって重要性の高い問題へ意識が高まるにつれ、そうした対話はどんどん広がっていきます。

このプロセスによれば、どのような集団に内在する知恵も引き出され、目に見えるようになります。すると、共通の目的に向かって、参加者たちがそれぞれのもてる力を効率的に発揮できるようになるのです。また、ワールド・カフェは地球規模で急速に拡大しているコミュニティでもあり、このカフェが掲げる原則とプロセスに則って集団内の知恵を掘り起こし、それを共通目的のために活かしていこうという個人、グループ、組織、ネットワークが参加しています。

公式ウェブサイトでは、素晴らしいリソースが豊富に用意されています。また、このプロセスのさらなる開発を目指している人びとの活気あふれるコミュニティも紹介されています。共同提唱者アニータ・ブラウンや共著者の著作物一覧も併せてご覧ください。

公式サイト
http://www.theworldcafe.com/

ピアスピリット・サークル・プロセス
PeerSpirit Circle Process

ピアスピリット社の共同設立者クリスティーナ・ボールドウィンとアン・リネアが、長年のスキルと経験を結集してつくりあげたプロセスです。同社は、「サークル、探究、語り合いを通じて人生とリーダーシップを考える」をテーマに人材教育にかかわってきました（詳しくは公式サイトをご覧ください）。

クリスティーナの著作『Calling the Circle: The First and Future Culture』（Bantam Books, 1998）は、語り合いによって人びとの心の奥底に強いコミュニティ意識（一体感）を芽生えさせる方法を学ぶ上で、まさに決定版と言えるでしょう。クリスティーナとアン、その仲間たちは、人びとが互いによく耳を傾け、よく語り、本音の交換から賢明な行動を生み出していけるような対話の構造とは何かを深く理解しています。

同社の新刊『Leaders in Every Chair』（Berrett-Koehler）には、このように記されています。

「椅子を変えれば世界は変わると言っていいでしょう。椅子の配置次第で、話す側に回る人と聞く側に回る人が決まる――影響力を持つ人とそうでない人が決まるからです。つまり、椅子1つで私たちが属す社会のあり方が決まるわけです。はたして、指導者だけが前に立ち、私たちを引っ張っていく社会なのか、それとも、私たちとともに腰を下ろし、共通の目的に向かって協力し合うことのできる社会なのか」

クリスティーナはほかにも本を執筆していますので、著作物一覧をご覧ください。

公式サイト
http://www.peerspirit.com/

マーガレット・J・ウィートリー
Margaret J. Wheatley

マーガレット（通称メグ）・ウィートリーは、「この混迷の時代に、どうすれば私たちは為すべきことを成し遂げ、健全な人間関係を築いていけるか」というテーマで執筆・教育・講演活動を行い、「どのような問題でも解決のカギはコミュニティにある」としています。また、世界的な慈善団体「ベルカナ研究所」（The Berkana Institute）の共同創設者であり、現在は名誉所長を務めています。この研究所は人生を肯定的にとらえ、未来を切り開いていく世界中のリーダーたちとそのコミュニティをつなぎ、支援しています。同研究所の詳しい活動内容については、ウェブサイト www.berkana.org をご覧ください。

ウィートリーはこれまでに3冊の本を執筆してきました。『リーダーシップとニューサイエンス』（英治出版）（1992年初版、1999年および2006年に改訂され、20カ国以上で翻訳されている）、マイロン・ケルナー=ロジャーズとの共著『A Simpler Way』（1996年）、そして『Finding Our Way: Leadership for an Uncertain Time』（2005年）です。また、専門誌や一般誌向けに頻繁に記事を書いており、著者自身のウェブサイトから無料でダウンロードできるものもあります。

ハーバード大学で経営・企画・社会政策学（テーマは組織行動とシステム変革）博士課程修了。ニューヨーク大学でメディアエコロジーおよびシステム思考学修士号、ロチェスター大学とユニバーシティ・カレッジ・ロンドンで歴史学学士号を取得しています。

若いころから「世界市民」としての意識をもち、1960年代には平和部隊のボランティアとして朝鮮半島での活動に参加

した経験もあります。ニューヨーク市の公立学校の教員と都市部学校管理者としての仕事を皮切りに、30年以上さまざまな組織の現場でコンサルタントを務め、あらゆるタイプの組織と南極以外のすべての大陸で仕事をしてきました。そのなかで一貫して訴え続けているのは、「どのような組織も常に自然のあり方に学ぶべきだ」というもの。つまり、互いに協調し、相手を認めること、そして孤立するのではなく1つの全体として対等な関係を保つことです。

イングランド、クロアチア、デンマーク、オーストラリア、南アフリカ、アメリカ合衆国の指導者養成プログラムで顧問を務めてきたほか、ベルカナ研究所を通じて第三世界の多くの国々の指導者育成事業にかかわってきました。これまでに数々の賞や名誉学位を授けられ、2002年には、アメリカ人材育成訓練開発協会（ASTD）より「職場での学びと能力開発に対する多大なる貢献」が認められ、「生きた伝説」とも評されています。2004年には「レオナルド・ダ・ヴィンチ思考研究学会」への殿堂入りを果たしました。

今も世界各地を精力的に飛び回っては、人々との出会いに感謝し、家族や友人、馬やペットの待つユタ州へ戻るという生活を送っています。大家族を切り盛りし、大勢の素晴らしい孫たちにも恵まれました。彼女の家族は現在、全米各地で暮らしています。

著者連絡先
P.O. Box 1407
Provo, Utah, 84603
info@margaretwheatley.com

公式サイト
http://www.margaretwheatley.com/

対話の実践に役立つ、3つの優れたリソース

アート・オブ・ホスティング
The Art of Hosting

世界中の自然、人間、コミュニティのニーズのために活動している人々が自主的に集まってできた組織。活動の内容は以下のとおり。

「私たちの活動の根底にあるのは、"共通の利益を実現する新たな解決策を探ろうという場合、関係者同士を集めて対話の場を設けるのは当然である"という考え方です。人間は真に重要な問題の解決のために協力を求められたとき、それを自分たちの問題として受け入れ、解決のアイデアを持続性のある賢明な行動へとつなげようとするものです。私たちは、いままでとは違った視点からリーダーシップを発揮したいと考えている指導者、CEO、マネジャー、教師――あらゆる分野のパイオニアたち――に対話への参加を呼びかけてきました。その新たなリーダーシップのもとでは人びとは解放され、勇気、創造性、知性、知恵を存分に発揮できるようになります。独占欲が強く、手柄を一人占めにするようなリーダーではなく、手を差し伸べるリーダーを目指す人びと、多くの人間の利益のためにもてるものを手放す用意のある人びとを、私たちは支援しています。私たちとともに重要な対話の場を主宰したいという方、そして自分の職場やコミュニティ、生活のなかで、刺激的で意義深い空間を生み出したいという方を歓迎します」

アート・オブ・ホスティングのプログラムへは世界各地で参加が可能。

公式サイト
http://www.artofhosting.org/home/

日本での活動
http://artofhosting-japan.org/events/

英治出版からのお知らせ

本書に関するご意見・ご感想を E-mail（editor@eijipress.co.jp）で受け付けています。また、英治出版ではメールマガジン、ブログ、ツイッターなどで新刊情報やイベント情報を配信しております。ぜひ一度、アクセスしてみてください。

●メールマガジン　：会員登録はホームページにて
●ブログ　：www.eijipress.co.jp/blog/
●ツイッター ID　：@eijipress

「対話」がはじまるとき
互いの信頼を生み出す　12の問いかけ

発行日　2011年3月14日　第1版　第1刷

著者　マーガレット・J・ウィートリー
訳者　浦谷計子（うらたに・かずこ）

発行人　原田英治
発行　英治出版株式会社
〒150-0022 東京都 渋谷区 恵比寿南
1-9-12 ピトレスクビル 4F
電話：03-5773-0193
FAX：03-5773-0194
http://www.eijipress.co.jp/

プロデューサー　杉崎真名
スタッフ　原田涼子　高野達成　岩田大志　藤竹賢一郎　山下智也　鈴木美穂　下田理　渡邉美紀　山本有子　牧島琳　佐藤晋平　千葉英樹　野口駿一

印刷・製本　大日本印刷株式会社

装丁　重原隆
挿画　AYA
翻訳協力　株式会社トランネット
編集協力　ガイア・オペレーションズ

ISBN978-4-86276-102-6 C0034 Printed in Japan